Claudius Verlag

Holger Forssman

Wir sind unterwegs zu Dir

Gebete

Abend 1

Gott,
unter allen Tageszeiten
wird mir der Abend immer wichtiger.
Danke für diese schönen Stunden.
Ich sehe Schatten länger werden
und freue mich auf meinen Schlaf.
Ein Tag beginnt sich zu verabschieden,
und Du hast mir geholfen,
alles zu tun, was wichtig war.
Danke, so spricht mein Herz zu Dir.
Nun bleibe bei mir, bitte,
wenn ich die Augen schließe.
Führe mich durch diese Nacht und ihre Träume.
Mit Deinem Segen, Gott
wird es mir gut ergehen.

Amen

Abendmahl

Heiliger Hausherr der himmlischen Hallen,
hab ewig Dank für Deine Gastfreundschaft!
Menschen der Völker lädst Du herzlich an den Tisch,
auch Arme, Schwache, Traurige und Kranke.
Leiber und Seelen sättigst Du mit Deinen Gaben.
Dein Friede breitet sich aus unter Deinen Gästen.
Halt Du ihn stark, halt ihn lebendig, dass er wandert,
von Mensch zu Mensch, von Volk zu Volk,
und eines Tages alle sich bei Dir versammeln,
die gerne Schwestern, Brüder sein möchten.
Dein kleines Haus auf Erden, das ist Deine Kirche,
in der sich Suchende mit Frommen treffen,
in der sie von Dir hören, von Dir lernen
und von Dir Brot und Wein empfangen.
Hab Dank und bleibe bei uns,
wenn wir wieder gehen müssen.

Amen

Abenteuer

2|3

Gott, schenke uns die Abenteuer,
in dem Maß, das wir noch ertragen.
Für manche sind es Blitz und Feuer,
für andre ist schon Arbeit eine Last.
Hilf uns, zum Nötigen das »Ja« zu sagen,
das Du zu allem sprichst,
das Du erschaffen hast,
das »Ja« zum Leichten und zum Schweren.
Gewöhn uns Schritt für Schritt ans Neue,
ans Unvertraute, Wilde, Fremde.
Schenke uns Lust am Abenteuer,
damit das Leben nicht
bloße Gewohnheit wird.

Amen

Abschied

Die Schatten werden lang, die Sonne sinkt.
Dein Licht, Herr, bleibe bei uns
und bei allen Menschen.
Dein Sonnenschein erhelle und erwärme
auch in den dunklen Zeiten noch die Welt.
Veränderungen stehn ins Haus und auch ins Land.
Es wird nicht leichter und bequemer.
Du aber sollst uns weiter tragen
und voller Umsicht auf uns achten,
damit wir vor dem Neuen nicht verzagen
und nicht am Alten kleben bleiben.
In der Gemeinde steh uns bei,
das Gute stets erinnernd zu bewahren,
das Traurige und das Verbrauchte mutig zu benennen
und abzulegen, was nötig und möglich ist.
Zum Abschied und zum Neuanfang gib Du uns Kraft!

Amen

Herr Jesu Christ, wir freuen uns auf Weihnachten,
den Tag Deiner Geburt in dunkler Zeit.
Du hast die Welt verändert durch Dein Licht,
das uns zum Loben und zum Singen bringt.
Lass uns in der Adventszeit stille werden,
damit wir unsre Freude nicht ersticken
durch zu viel Tätigkeiten und Bemühungen.
Das wichtigste Geschenk bist Du,
lass uns das nie vergessen.
Wir danken Dir und sprechen:

Amen

Advent 2

Herr Jesu Christ, das zarte Licht,
das wir an jedem Sonntag im Advent entzünden,
erinnert uns an Deinen Sieg über die Dunkelheit.
Das Licht wird größer bis zum Weihnachtsfest,
an dem wir feiern, dass Du Mensch geworden bist.
Lass Dein Licht auch in unsern Herzen leuchten,
damit wir spüren: Du bist bei uns
an schönen und an schweren Tagen.
Danke für Dein Geschenk des kleinen Lichts,
das uns verbindet mit dem Himmelreich.

Amen

In Deiner neuen Welt, o Gott,
in der die Träume Wahrheit werden,
da lass Du mich ein Adler sein,
hoch durch die Lüfte schwebend.
Nicht wie in dieser Welt,
wo man die Adler fürchtet,
sie verflucht und auf sie schießt.
Ich wünsche mir den scharfen Blick
und die ehrliche Weisheit.
Lass mich Zusammenhänge sehen,
die großen und die weiten Wahrheiten,
die hier in dieser Welt verborgen sind.
Ich will gern weite Kreise ziehen
über die Länder und die Meere.
Ich möchte Nahrung für den Geist,
nicht für den Magen finden.
Alles wird sich verbinden,
sich deuten lassen und sich klären,
in Deiner Ewigkeit, o Gott!

Amen

Alter und Jugend

Wenn Du uns hilfst, Gott,
der Du Vater bist und Sohn,
dann reichen sich das Alter und die Jugend gern die Hände.
Dann lernen beide Seiten voneinander
und lieben, was sie unterscheidet.
Gott, welcher Reichtum liegt in der Erfahrung,
und welche Freude in der Neugier und im Aufbruch!
Erweck in uns den Geist des greisen Simeon
und des tollkühnen Hirtenjungen David.
Vor allem öffne uns Dein großes, altes Buch,
in dem Vergangenheit und Zukunft vor uns liegen.
Dort lesen wir von Dir,
der ist
und war
und kommt.
Ja, komm zu uns, Gott,
zu uns Alten und uns Jungen.

Amen

Gott, danke für mein Alter,
das täglich wächst
und mir Erfahrungen beschert.
Zugleich, auch das ist gut,
hilfst Du mir, dass ich mich
vor allem an das Wertvolle erinnere.
Da ist die Liebe meiner Eltern,
die sich um mich gekümmert haben.
Da sind die aufmerksamen Lehrer,
die sich bemühten, mich mit Neugier
und guten Antworten zu füllen.
Da sind die Freunde, die Kollegen,
die mit mir dieses Leben teilen.
Mit meinem Alter wächst auch die Gebrechlichkeit.
Täglich lern ich, wie sehr ich
auf Dich angewiesen bin, mein Gott.
Du bist mein Schöpfer und mein Retter.
Führe mich, wenn es so weit ist,
ruhig in Deine Ewigkeit.
Ich werde Dir nicht widerstehen,
sondern mich freuen
auf Dein Reich.

Amen

Angst

Bring meinen Leib zur Ruhe, Gott,
dass meine Atemzüge friedlich ein- und ausfahrn.
Lenk meine kreisenden Gedanken auf ein Ziel,
Dich selbst, Dein Wort, Dein Reich, Deine Gemeinde.
Wie ängstlich bin ich ohne Dich, mein Gott.
Ein Küken ohne seine Mutter,
ein Schäflein, ganz verloren und verirrt.
Komm, finde mich
und gib mir Wärme und Geborgenheit.
Die Welt bedroht mich, großer Gott,
doch Du hast diese Welt geschaffen.
Wenn Du mich schützt,
wird sie mich nicht besiegen.

Amen

Es ist so leicht, auf andere hinabzusehen.
Gott, mach es uns ein wenig schwer.
Sie gleichen Dir, sind Deine Ebenbilder,
nicht anders als wir Überheblichen.
Lehr uns, zu Dir hinaufzusehn,
bei jedem Menschen, den wir treffen.
Und mag er wie ein Scheusal sich benehmen,
dann schenke uns Geduld und Demut,
wie Du sie ebenfalls verdienst.
Wenn wir uns notfalls wehren
und auf unsre Rechte pochen,
erinnere uns, dass es Deine Rechte sind.
Du hast Gebote und Erlaubnisse geschenkt.
Wir folgen ihnen auch um Deinetwillen,
der seine Kinder aus Ägypten in die Freiheit führte.

Amen

Arbeit

Du guter Gott,
dem alten Adam gabst Du Arbeit,
um sich zu versorgen mit seinen Händen
und im Schweiße seines Angesichts.
Dein Garten, Gott, in dem Du selbst spazieren gingst
und Deine Menschenkinder nährtest, ging verloren.
Doch lass ihn nicht vergessen werden!
Lass ihn uns spüren, von ihm träumen,
wenn wir unsre Arbeit tun.
Mach seine Bäume, seine Früchte, seine Tiere,
den großen Frieden, der im Garten herrschte,
zu dauerhaften Wurzeln unsrer Taten,
mit denen wir ums täglich Brot uns mühn.
Und wenn Du Deinen Garten Eden neu erschaffst,
dann schenk uns einen Platz darin,
in dem wir Arbeit tun, nicht um zu überleben,
sondern rein um der Freude willen.
Wir lieben es, am Wachstum Deiner neuen Welt
und auch an ihrer Fülle mitzuwirken.
Ja, schöne Arbeit hast Du reichlich anzubieten.
Hilf uns heut schon, sie zu entdecken und zu tun.
Und breite Deinen Segen über unser Werk.

Amen

Herr Jesus, Auferstandener,
lass uns einst vor Dich treten
und Dir begegnen wie es Freunde tun.
In dieser Welt hast Du für uns gelitten.
Durch Schmerzen und durch Dunkelheiten ging Dein Weg.
Bis in das Totenreich bist Du hinabgestiegen,
um auch am fernsten Orte Gottes Liebe auszuteilen.
An jedem Sonntag wird es still im Land,
und wir erinnern uns an Ostern,
den Sonnenaufgang und den Weg zum leeren Grab,
an dem die Botschaft Deiner Auferstehung
die Welt aus ihren Dunkelheiten weckte.
Seither hat unser Lebensweg ein Ziel.
Du gingst voran, zeigtest und sprachst,
was uns einst nach dem Tod erwartet:
Ein Leben in dem Reiche Gottes,
voll Licht und Frieden, Ruhe und Versöhnung.
Du bist schon dort und deckst den Tisch.
Ein reiches Hochzeitsmahl steht drauf bereit,
bei dem wir viele Menschen unerwartet und neu sehen werden.
Die Hoffnung halte Du in uns lebendig,
wenn wir in dieser Welt bekümmert und voll Sorgen sind.
Die wahre Heimat ist bei Dir.

Amen

Ausgewogenheit

Weiser Gott, ist es nicht so:
alles, was es gibt, hat mehr als eine Seite.
Weil Du fern und nah zugleich bist,
kannst Du das erkennen.
Wenn ein Streit entbrennt aus Torheit,
wenn der Mut zur Liebe fehlt,
wenn die Augen eng sind,
ebenso wie Herz und Ohr,
dann komm zu uns, guter Gott,
mit dem Atem Deines Geistes.
Gieß ihn aus über die Welt,
damit alle Menschen Frieden finden
und sich an Verschiedenheiten freuen.

Amen

Heiliger König dieser Welt,
Dein Volk Israel lebt inmitten andrer Völker,
und Du hast ihm geboten,
mit den Fremden freundlich umzugehn.
Dein Volk aus Schwestern und aus Brüdern Jesu Christi
ist durch die Taufe neu geboren worden.
Wir sind nun Menschen vieler Völker,
mit vielen Sprachen und Lebensbedingungen,
und Du hast uns geboten, liebevoll zu leben,
gastfreundlich gegen jedermann.
Wie kann es sein, dass so viel Traurige, Verlorene
einsam am Rande stehen?
Wie kann es sein, dass Fremde oder Kranke,
dass Arbeitslose oder Unbequeme
oft weggeschoben, abgeurteilt oder angefeindet werden?
Sie mögen vielfach nicht so sein wie wir.
Doch hilf uns, ihnen stets ein gutes Beispiel vorzuleben.
Nicht Feindschaft, sondern Dein Gebot
und Deine Liebe sollen unsre Wege lenken.
Zu Deinen Festen, die Du mit uns feierst,
sind alle herzlich eingeladen,
von Dir – und nicht von uns.

Amen

Auszeit

Gott, gib mir einen Tag zum Wandern,
nur einen Tag, mitten in meiner Arbeitszeit.
Ich werde frei für einen Tag,
frei von den Ansprüchen der Anderen,
frei für Dich, Gott, den Verborgenen.
Ich wandere und sehe nun die Schöpfung,
spüre die Jahreszeit, das Wetter und den Wind.
Vieles, was wichtig schien, verschwindet.
Die Dankbarkeit fürs Kleine kommt und wächst.
Ein Tag für Dich und mich, Gott,
lässt mein Leben weitergehn wie neu.

Amen

Die größte Schuld, gerechter Gott,
die wir in allen Tagen auf uns laden,
ist die Bewegung weg von Dir, hin zu uns selbst.
In unsrer Zeit hilft uns dazu das Auto,
das uns so häufig gar nicht helfen will,
uns zu bewegen,
sondern der Selbstdarstellung dient
und andern Menschen zeigen soll:
»Schaut! Ich bin wichtig!
Ich bin mächtig! Ich bin reich!«
Hilf uns an erster Stelle, Dich zu sehen, Gott,
durch die von Dir geschaffne Welt
mit ihrer Luft, die an den Heilgen Geist erinnert
und durch die Menschen, Deine Ebenbilder.
Die Zeugen unsres Unglaubens
hilf Du uns zu entlarven
und Autos nur noch einzusetzen,
wenn sie zur Fortbewegung nötig sind.

Amen

Bekehrung

Wie schön ist es, sich Dir ganz zuzuwenden,
Du lieber, freundlicher und treuer Gott.
Wie gut tut es, Dir zuzuhören,
der früher schon zu Abraham und Sara sprach.
Wie wertvoll sind uns Deine Worte, Jesus,
Du sammelst Menschen um Dich, die Dir glauben,
die Deinen Spuren folgen und Geschwister sind.
Um uns hineinzufügen in die Kette aller Heiligen,
bist Du zur Taufe über uns gekommen, Heilger Geist.
Nun bleibe bei uns, darum bitten wir.
Lass uns das neue Leben spüren,
komm neu mit Deinem frischen Wind
und blas das Alte und Verwelkte fort, das uns umgibt.
Dann werden sichtbar all die wunderbaren Pfade,
die letztlich ins Reich Gottes münden.
Dort dürfen wir am Ende glücklich sein.

Amen

Guter Gott, woher kommt alles Böse?
Ich weiß, ich sollte nicht so fragen,
sondern zu Dir ins Helle schauen.
Aber das Dunkle kommt zu mir,
an jedem Tag führt es mich in Versuchung.
Ich werde so leicht schwach,
stürze, verletze mich und andere.
Hat dieses Böse mit Vergänglichkeit zu tun,
mit Alter und mit Armut?
Hat es mit Eitelkeit zu tun,
mit einem Traum von Macht und Unbesiegbarkeit?
Wird alles Böse auf der Welt ein Ende finden,
wenn Dein Gericht kommt und das Universum ordnet?
Bis dahin werde ich zu warten haben.
Danke, dass Dein Sohn Jesus mir die Hand reicht.
Auch er wurde versucht, nach seiner Taufe,
und gibt mich nicht verloren, sein verirrtes Schaf.

Amen

Boten

Dank für die Boten, königlicher Gott,
die Deine Worte weit in alle Länder tragen.
Viele von ihnen müssen Schweres auf sich nehmen,
weil Deine Botschaft sich nicht immer leicht verbreitet.
Du schenkst den Boten Kraft und Mut
und den Empfängern immer wieder
die offnen Ohren und empfindsamen Gemüter,
die Deine Worte Samen werden lassen.
Es ist erfreulich, dass Du Boten findest,
von Anfang an bis in die Gegenwart.
Müssen sie leiden, gibt es immerhin den einen Trost:
ein Bote findet wie die Taube
am Ende heim zum Ruheort.
Dort wirst Du gut für alle sorgen,
die Deine Nachrichten verbreiten.
Dank für die Boten, königlicher Gott,
und Dank für Deine Sorgsamkeit um sie.

Amen

Danke, Jesus, dass Du Dich mit allen
Hautfarben kleidest, die es gibt.
Weltweit bist Du unser Bruder
und reichst uns die Hände.
Deine Worte finden Wege
in die fremden Sprachen,
die aus fernen Ländern
und Kulturen stammen.
Staunend und voll Dankbarkeit
sehen, hören wir,
wie sich Deine unbegrenzte Lehre
auch für uns verwandelt.
Unser Lehrer, Meister, Freund
bleibst Du in der Nähe,
in der Ferne und in aller Zeit.

Amen

Buße

Mehrmals im Jahr,
wenn wir Dein Haus besuchen,
hängen dort violette Tücher
an Kanzel und Altar.
Du mahnst uns, Gott,
den Weg zu überdenken.
Du lädst uns ein zur Umkehr.
In Stille treten wir vor Dich
und bitten Dich um Offenlegung
unsrer Lebenslügen.
Du sprichst zu uns
von Deinem Reich,
das alle Tage auf uns wartet.
Lass uns den Himmel nicht auf Erden suchen,
wo alles so zerbrechlich und vergänglich ist.
Dein Himmel ist ein Ort des Lichts.
Und es ist Umkehr,
die uns Schwache dorthin führt.
Wir bringen vor Dich unsre falschen Träume,
und wir empfangen die Verheißungen,
die Du schon immer zu uns Menschen sprichst.

Amen

Dank

Gott, manchmal fließt das Herz mir über,
so viel Erfreuliches und Gutes ist geschehn.
Ich hab es nicht verdient, und darf es doch genießen.
Die Freundlichkeit der Menschen, die ich treffe,
die Schönheit der Natur, die Du erschufst,
die tiefe Freude, die mich einlädt, andre zu umarmen.
Ich sage »danke«, Gott, heute und ganz gewiss noch oft.

Amen

Demut

Dein Thron, Du großer Gott,
ist berghoch, höher als wir blicken können.
Über Zion bist Du zu Hause,
der Heimstatt Deines Heiligtums,
über dem Horeb der Verheißung,
über dem Sinai des Rechts.
Wir müssen uns nicht kleiner machen, als wir sind,
um Achtung zu empfinden.
Du aber hast Dich klein gemacht.
Auf Golgatha am Kreuz, da starb Jesus für uns.
Der Teufel hatte ihn auf einen andern Berg geführt
und wollte ihn über uns alle herrschen lassen.
Halt uns von solchen Bergen fern,
von denen wir auf andere verächtlich blicken möchten.
Jesus sitzt nun zu Deiner Rechten, Gott,
hoch oben, doch durchs tiefste Tal gegangen.
Wir Armen, Schwachen, Unvermögenden,
wir dürfen bleiben, wie und wo wir sind.
Du wirst uns finden, Gott,
und freundlich zu uns kommen.

Amen

Du selber, Gott, kannst auf den Duft verzichten,
der von Altären oder Räucherschalen kommt.
So haben die Propheten uns gelehrt
und uns ermahnt,
dafür einander wert zu achten.
So wecke nun in uns die Düfte,
die anderen zur Freude dienen.
Lass deine Worte Rosenworte werden,
die wir mit allen Sinnen in uns spüren,
auch mit den Dornen,
die zu Jesu Krone wurden.
Der Liebesduft, mit dem man Jesus salbte
und den man nach dem Tod zur Grabeshöhle trug,
begleite unsre Worte,
unsre Taten,
unsre Gedanken,
dann wird es gut, Gott,
heute, morgen, jeden Tag.

Amen

Durcheinander

Gott, es tut gut, auf Dich zu blicken.
Wir leben allesamt im Durcheinander.
Da ist so viel Verschiedenheit,
und wir erblicken Möglichkeiten,
ohne die Wahrheit zu erkennen.
Schenk uns Gewissheit, Gott,
die reine,
damit wir unsre Füße
an die rechten Stellen setzen.
Gib uns Dein Licht für jeden Schritt,
der uns zu Dir führt, in Dein gutes Reich.
Das Wirre, Regellose, Mannigfaltige
ordne für uns auf unserm Weg,
durch Deine Worte
und durch Jesu Spuren,
denen wir folgen dürfen,
Tag um Tag.

Amen

Du hast die Welt geschaffen und bewahrst sie,
Du schöpferischer, einfallsreicher Gott.
Du pflegst sie liebevoll als Haus und Hof,
die Erde, voll mit Deinen Gütern und Geschöpfen.
Zeig uns, was darin unser Platz ist,
wofür Du unsre Kräfte brauchen kannst.
Und lass uns nicht das rasche Urteil fällen,
wir könnten uns den schönsten und bequemsten Platz verdienen
und ihn besetzen und benutzen, als gehörte er nur uns.
Wir wirtschaften sonst nur Dein Gut hinunter
und kommen miteinander rasch in Streit.
Hilf uns zur Dankbarkeit gegen die Fülle Deiner Gaben
und lehre uns, sie gern zu teilen, wie es Jesus tat.
Dein Eigentum, Gott, bleiben wir,
und das ist gut für uns.

Amen

Eine Welt

Gott, Deine Welt ist klein geworden.
Die Flugzeuge umrunden sie in kurzer Zeit.
Noch eiliger können wir Botschaften schicken,
in alle Welt durch Strahlen in der Luft.
So rücken wir zusammen, Deine Kinder,
die sich so lange Zeit ganz fremd gewesen sind.
Was das heißt, Gott, das weißt nur Du.
Oft macht sie ratlos, diese Nähe,
die scheinbar unsre Sicherheit gefährdet
und uns die Armut und die Fremdheit
der Andern jeden Tag vor Augen führt.
Dass es dort besser wird, das sehen wir hier nicht.
Lass uns trotzdem nicht mutlos werden.
Hilf uns, die Welt als Deine Welt zu sehen.
Was wir für Andre tun, das sind nur Kleinigkeiten,
und trotzdem ist es wichtig auf dem Weg.
In Deiner Welt, Erlöser, bist Du unsre Mitte.
Wir alle pilgern zu Dir, unser Leben lang.
Wir hören Deine Worte,
singen Deine Lieder
und freuen uns, dass jeder Sonntag
rund um die Erde wandert
und aller Welt das Licht von Jesus schenkt.

Amen

Niemals, Gott, kamst Du mir näher
als in meiner Einsamkeit.
Fern von allen Menschen, die ich kannte,
sprachlos, suchend und allein
fandest Du mich, Gott, und gabst mir
die Gewissheit, Dein geliebtes Kind zu sein.
Deine großen, starken Worte
hüllten mich in Frieden ein.
Ich sah deutlich meinen Auftrag,
Teil von Deiner Welt zu sein,
Teil der Schöpfung,
der Erlösung,
der Familie Abrahams.
Das war stilles Glück, mein Vater,
dafür dank ich Dir von Herzen.
Wenn die Einsamkeit sich nähert,
mich umfängt und furchtsam macht,
finde mich, den Ohnmächtigen.
Strecke Deine Hände aus,
sprich mir wieder Deinen Segen zu,
dass ich spüre, Du bist da.
Meine Zweifel und auch meine Angst
werden dann zu Dankbarkeit und Ruhe.

Amen

Eitelkeit

Gott, hilf mir,
mich nicht mehr in das Zentrum dieser Welt zu stellen,
in der törichten Meinung, alles drehe sich um mich.
Das tut mir selbst nicht gut, ich nehme mich zu wichtig
und schaue weg von Dir, der alles schafft, liebt und erhält.
Ich denke, Gott, es hat mit Furcht zu tun,
zu klein zu sein, zu unwichtig, zu weit am Rande.
Als wäre ich nichts wert, wenn mich nicht alle sähen.
Es geht so leicht, das Leben mit Vergleichen zu verbringen.
Dabei zählen die hohlen Dinge, um die sich alles dreht,
das gute Aussehn, der Erfolg, der Wohlstand
nur für die Menschen, nicht für Dich.
Hilf mir aus diesem Strudel,
aus der Gefangenschaft der Eitelkeit.
Stelle mir immer wieder Deinen Sohn vor Augen,
der barfuß und armselig durch die Lande zog,
die Liebe lehrte und Freundschaft gewann
und schließlich elend und gefoltert seinen Tod am Kreuze fand.
Sein Leben und sein Tod sind mir Heilmittel,
sein Weg ein Vorbild,
das mich demütigt und stärkt.

Amen

O Gott,
Vater und Mutter sein ist wirklich schwer.
Da darf man lieben und muss doch loslassen lernen.
Da soll man lehren und weiß vieles selber nicht.
Da ist das Loben wichtig und das Tadeln,
doch wer kann immer unterscheiden
zwischen dem Richtigen und Falschen?
Jesus war einst geborgen in der Heiligen Familie.
Maria, Josef und die Engel schützten ihn.
Seit seiner Taufe sprach er Gott als Vater an.
Maria wurde später Jesu Schülerin,
sie folgte lernend ihm und schließlich leidend
am Fuß des Kreuzes auf dem Berge Golgatha.
Gott Vater, lass es uns gelingen,
dass wir als Deine Kinder liebevolle Eltern sind.

Amen

Engel 1

Hab Dank, Du fürsorglicher Gott,
für Deine Engel,
mit denen Du uns Menschen immer neu besuchst.
Aufträge von Dir lässt Du sie erfüllen.
Selbst sie begrüßen uns: »Fürchtet euch nicht«.
Wie sehr erschräken wir, kämest Du selbst.
Der starke Michael in seiner Rüstung,
er tröstet uns: Das Böse hat bereits verloren.
Luftig kommt Gabriel mit seinen Worten,
die von Erneuerung und Deinen Wundern künden.
Rafael kann als Erdenbürger sich verkleiden,
um schützend und behütend Menschen beizustehen.
Und Uriel leitet uns an, zu musizieren,
um Deinem Thron bereits im Herzen nah zu sein.
Sie kommen unerwartet, Deine Engel,
und nehmen uns hinein in Deine Welt.
Das ist nicht immer leicht, doch immer wertvoll.
Wir sagen Dir von Herzen Dank dafür.
Und manchmal dürfen sogar wir wie Engel sein.
Wenn Du uns einen Auftrag gibst,
die Schwachen zu beschützen
oder Dein Wort an ungewohnter Stelle zu verkündigen.
Wenn wir Verirrte, Einsame begleiten dürfen
oder mit allen Chören Deines Königreiches musiziern.

Amen

Von Zeit zu Zeit, Gott,
wählst Du eine Kleidung
oder sogar die menschliche Gestalt.
Du willst uns nicht erschrecken,
Du willst uns erinnern,
was unser Auftrag ist, auf dieser Welt.
Du sprichst mit Menschenzungen Worte,
die sich als Gottesworte kund tun.
Als Unbekannter klopfst Du an die Türe.
Als Fremder fragst Du um ein Dach.
Als Armer wendest Du Dich an die Reichen.
Du bringst auf diese Weise Licht herein.
Wir fragen: Wer war das?
Wem haben wir geholfen?
Warum geht es uns gerade jetzt so gut?
Schenk uns dies frohe Engelszeichen
zur Freude und zum Vorgeschmack.

Amen

Erde

Die Füße, Gott, hast Du geschaffen,
damit sie fest auf Deiner Erde stehen.
Sie gleichen Wurzeln,
die vom Boden Kraft und Halt bekommen.
Dein guter Geist weht wie ein Wind
und schenkt dazu den neuen Atem,
die Fantasie und die Verbindung
mit Dir, Gott, und mit allen Menschen.
Lass uns stets Deine Erde spüren,
damit wir selber Früchte tragen
und zu Gebern werden,
damit wir unsern Platz erkennen
und den Stand behalten
zwischen dem Himmel und der Erde.
Zwei Bäume wuchsen einst im Garten Eden,
sie sind ein Sinnbild für uns Menschen,
der eine ist der Baum des Lebens,
der andre ist der Obstbaum der Erkenntnis.
Wer nur Erkenntnis sucht, der wird den Halt verlieren.
Zum Leben braucht es Wurzeln,
die viel unscheinbarer sind.
Hilf uns, auf sie zu achten, Gott
und führ am Ende uns zum ewgen Leben.

Amen

Zu jeder Kathedrale, Gott,
gehört die Dombauhütte.
Denn niemals ist ein solcher Bau ganz fertig.
Da gibt es Dinge auszubessern und zu reparieren,
zu flicken und auch zu verschönern.
Und ist man rundherum gekommen,
fängt die Erneuerung von vorne an.
Unsere Leiber, Gott, sind Tempel Deines Geistes,
niemals vollkommen und perfekt,
niemals rundum gesund und schön.
Doch wir sind unterwegs zu Dir
und wollen offen sein für Dich,
für Deine Worte, Deine Lehren, Deinen Geist.
Lass uns nicht müde werden an dem Tempel,
sondern innen und außen weiterbauen,
und schick uns Baumeister, die dabei helfen.
Das neue Leben schenk uns dann am Ende,
wenn Deine neue Welt beginnt
und doch noch alles, alles gut wird.

Amen

Esel

Die Bibel, Dein Buch, Gott,
stellt Worte auf den Kopf
und rückt sie so zurecht.
»Esel«, das gilt als Schimpfwort
unter Menschen.
In deinem Buch ist es ein treues Tier.
Es sieht den starken Engel,
der Bileam den Weg verbietet,
der auf des Esels Rücken sitzt.
Dreimal schlägt Bileam sein Reittier,
bis Du, Gott, diesem Esel Sprache gibst:
»Was habe ich dir getan,
dass du mich schon dreimal geschlagen hast?«
So fragt der Esel seinen Herrn,
und der fällt nieder, sieht und hört,
was Gott ihm aufträgt in dem Lande Midian.
Auf einem Esel reitet auch Jesus, Dein Sohn.
Er zieht ein in die Stadt Jerusalem,
als Armer, ohne Pracht und Liebreiz
und doch verehrt als Herr und Retter.
Rücke auch uns den Kopf zurecht, Gott.

Amen

Jesus, unser Herr und Bruder,
danke für die gute Nachricht,
die Du uns von Gott her bringst.
Gott sagt jedem, Dir und uns:
»Ihr seid meine Kinder.«
An Dir sehn wir das am Besten.
Du bist schon vor der Geburt geliebt.
Deine Mutter durfte es erfahren,
wie ein Wunder, ein Geschenk.
Die Geburt im Stall ist uns ein Zeichen,
wie die Armut und die Heimatlosigkeit
auf dieser Erde,
dass Du ein Kind Gottes bist.
Du kamst zu uns allen, Jesus,
um das Liebeswort zu zeigen.
Hilf uns täglich, das zu glauben,
was die Evangelien lehren.
Alle vier Evangelisten,
Matthäus, Markus, Lukas und Johannes,
haben sie mit ihrem Herz geschrieben,
Dich geliebt und Dir geglaubt.

Amen

Fasten

Das Fasten, Gott, bringt uns Dir näher.
Wir achten nur noch auf das Wichtige.
Das andere darf ein paar Tage
unbeachtet liegen bleiben.
Das Brot, das Wasser, alles Einfache
wird uns zum wertvollen Geschenk.
Dazu der Schlaf und auch der Friede
zwischen den Menschen und Nationen.
Dem Islam schenktest Du den Ramadan,
den Fastenmonat voller Liebe und Gebet,
die größte Festzeit eines Jahres.
Lass uns das Fasten nicht vergessen,
die wir auf Deine Bibel achten.
Mehrmals im Jahr bereiten wir uns
besinnlich auf die großen Feste vor.
Hilf unsrer Nachdenklichkeit durch das Fasten,
hilf uns am stärksten in der Osterwoche,
in der wir Jesu letzte Tage neu erleben
und uns dann am gedeckten Tisch
über den Sieg des Lichtes freuen.

Amen

Die Schöpfungswoche, Gott, hat sieben Tage.
Den letzten hast zur Ruhe Du bestimmt,
zur Einkehr und Besinnung
und um zu sagen: Es ist gut.
Für viele Menschen hat das Jahr so eine Zeit,
besonders sommers, wenn die Schulen schließen.
Dann endet für ein Weilchen auch das Alltagsleben,
und man kann Urlaub machen und die Zeit genießen.
Du, Herr der Zeit, schenk diesen Menschen
die Dankbarkeit für alles, was gelang,
schenk ihnen die Gelassenheit,
für alles, was nur angefangen blieb.
Hilf ihnen, ruhig zu werden und zufrieden.
Der Herr der Schöpfung bist ja Du allein,
wir müssen nicht mit allem fertig werden.
Du hast die Erde schön geschaffen.
Lass uns das sehen und auch sagen: Es ist gut.

Amen

Fest

Nicht jeder Tag, o Gott, ist jedem andern gleich.
Du füllst uns alle Zeiten unterschiedlich.
In manchen forderst Du uns auf, uns einzufinden,
um sie gemeinsam zu begehen.
Auch diese Zeiten sind von Dir gefüllt,
jedoch mit Inhalten, die jeden von uns treffen.
An vielen dieser Tage dürfen wir uns freuen
und Dir gemeinsam danken für das Gute,
das Du für diese Welt und alle Völker
getan hast und immer wieder tust.
An anderen besinnen wir uns miteinander,
bekennen vor Dir unsre Schuld und bitten um Vergebung.
Und manche füllen sogar unser ganzes Land
und werden mitgefeiert auch von Menschen,
die Mühe haben, sonst auf Dich zu hören
oder sich Deinem Volke anzuschließen.
Hab Dank für alle Feste, die Du schenkst, o Gott.
Hilf uns, auf sie zu achten und sie einzuhalten.
Verhindere, dass wir verblendet
die Tage nur als eigenen Besitz betrachten.
Und lehre uns stattdessen, die Geschichten zu entdecken,
die von der Schöpfung bis zur Ewigkeit von Dir erzählen.
Wie schön, im Jahreslauf die großen Feste
gemeinsam feiernd zu begehen.

Amen

Als Du Dich neu bekannt machtest,
Du Einzigartiger und Wunderbarer,
sprachst Du zu Mose aus dem Dornbusch,
aus einem Feuer, das wohl brannte, aber nichts verzehrte.
Dann führtest Du Dein Volk durch wilde Wüstenländer,
bei Nacht als Feuersäule leuchtend.
Ja, Gott, die Flammen sind ein Bild für Dich,
eine Erinnerung an große Zeiten.
Dein Feuer mache uns zu Zeugen,
mutig und furchtlos wie die Männer,
die einst Nebukadnezar in den Ofen warf,
weil sie sein Götzenbild nicht ehrten.
Du sandtest ihnen Deine Engel,
die ihnen Rettung schenkten
und den König so zur Demut brachten.
Lass auch in uns Dein Feuer brennen,
wie Du es später Jesu Schülern gabst,
als sie versammelt waren in Jerusalem,
verzagt und ratlos nach des Meisters Tod.
Ja, gib uns von dem Feuer Deines Heilgen Geistes
und lass uns öffentlich vor andern von Dir sprechen.

Amen

Fisch

Gott, wie seltsam und wie schön,
dass Du von allen Tieren
die Fische auserwählt hast
als Deine Lieblinge zum Spielen.
Das Wasser ist Dein Element,
wir hören das mit Staunen aus der Bibel.
Noch vor dem Licht erfüllt es Deine Erde
und lockt Dich zu der wunderbaren Schöpfung.
Noch heute gibt es unentdeckte Fische
in den Bereichen tief im Dunkeln,
die uns Neugierigen verborgen sind.
Vielleicht ist Jonas Fisch dabei,
der den Propheten aus dem Wasser rettete
und ihn laut Deinen Namen loben ließ.
Die Schüler Jesu waren Fischer.
Die letzte Speise auf der Erde,
die Jesus aß, war Fisch am See Genezareth.
Das Zeichen für die ersten Christen
war der geheime Fisch,
der Jesu Namen barg.
Gott, Schöpfer dieser Welt,
schenk uns die Liebe für das Fremde,
das uns Dir nahe bringt,
dem Herrn des Himmelsozeans.

Amen

Auf Deinen Wunsch und Dein Versprechen hin,
Du einziger und starker Gott,
wagten die Kinder Israels sich auf die Flucht.
Sie gingen fort aus ihrem Sklavenhaus,
dem Königreich des Pharao,
wo sie geschunden wurden,
aber doch zugleich verpflegt.
Im Wüstenland rund um den Sinai
wurden sie nach und nach Dein Volk
und lernten, keine Sklaven mehr zu sein,
sondern als freie Menschen aufeinander acht zu geben
und auf Dein Wort und Dein Gebot zu hören.
Ja, großer Gott, so eine Flucht kann nötig sein
und gute, neue Möglichkeiten schaffen.
Hilf uns, die Lebensformen zu erkennen,
die wir auf dieser Welt vermeiden sollen.
Lass uns stattdessen mehr auf Dich vertrauen
und Deine Freiheit kennenlernen,
die Du so liebevoll bereithältst.
Und zeige sie auch anderen, die sich in Sklaverei befinden.
Du kennst die besten Wege, um dem Unrecht
und aller Unterdrückung zu entgehen,
Du Herr und Gott,
der uns aus dem Ägypterland geführt hat.

Amen

Flüchtlinge 1

Zu fliehen, Gott, oder zu bleiben,
was ist die richtige Entscheidung?
Das Wichtigste ist allezeit, bei Dir zu bleiben.
Wie Jakob einst, der sich von seinem Vater
den Segen listenreich erschlich.
Er floh und sah Dein Himmelslicht im Traum.
Er blieb Dir treu, obwohl er schwierig war und launisch.
Ich denke auch an Josef und Maria,
sie flohen vor Herodes nach Ägypten
mit Jesus, der uns Menschen allen
Dein Heil und Deinen Segen brachte.
Onesimus, ein Sklave, der entfloh,
fand Schutz bei Paulus, dem Apostel.
Paulus bat den Besitzer,
ihn liebevoll zurückzunehmen,
als einen Bruder sollte er den Flüchtigen behandeln.
Lass uns nie vor Dir fliehen, Gott,
sondern mit Dir. Dann wird es gut.
Wir finden eine neue Heimat.
In fremden Ländern gibt es auch Geschwister,
die Dich, Gott, ihren Vater nennen.

Amen

Liebender Gott, lass uns das nie vergessen,
dass Dein Sohn, unser Bruder Jesus,
als kleines Kind ein Flüchtling war.
In Bethlehem geschah ein Massenmord,
die Angst des Königs um die Macht
verleitete ihn, Unschuldige zu töten.
Maria, Josef und das Kind, sie flohen nach Ägypten,
ein Land, aus dem ihr Volk geflohen war
und das sie nun noch einmal freundlich aufnahm.
Solche Geschichten wiederholen sich.
Viele Familien kommen heut zu uns,
ins Land, aus dem einst Tausende vertrieben wurden
und Abertausende im Krieg oder in Lagern
Gefangenschaft und Tod gefunden haben.
Wir gelten nun als friedlich, Gott.
Lass uns das sein,
lass uns die Hände und die Häuser öffnen,
die Herzen sprechen und die Heimat teilen,
damit die Welt den Segen spürt,
den Du uns schenkst.

Amen

Frau und Mann

»Es ist nicht gut«, so sprachst Du, Gott, bei Deiner Schöpfung,
»wenn Du, Mensch, ganz allein Dein Leben führst.
Ich will Dir eine Hilfe schaffen,
ein Gegenüber, das Dir ganz und gar entspricht.«
So stand Adam, der Erdenmensch,
der Eva, Inbegriff des Lebens, gegenüber,
und sie erkannten, dass sie eine Einheit waren.
Zugleich sind beide, Frau und Mann,
ein Ebenbild von Dir, Du Unsichtbarer.
Gott, halte diese Einheit alle Zeit lebendig!
Sie bringt, belebend und beglückend,
die Unterschiede in Verbindung.
Ein Austausch wächst, ein Geben und ein Nehmen,
ein Lebenskreislauf, der zugleich sehr fruchtbar ist.
Wir danken Dir für die Verschiedenheiten
und bitten Dich, dass wir sie achten und verstehen.
Ja, Frau und Mann sollen auch voneinander lernen
und Hand in Hand den Weg entdecken,
der wieder in den Schöpfungsgarten führt.

Amen

Die Freiheit, Gott, die Du uns schenkst,
ist nicht nur Freiheit »von«,
die uns ins Leere führt und Ungewisse.
Sie ist vor allem Freiheit »für«,
die unser Sein mit Sinn erfüllt
und ihm ein Ziel und eine Richtung gibt.
Als Du Dein Volk aus dem Ägypterreich befreitest,
da führtest Du es zu dem Land am Jordan,
wo Milch und Honig fließen sollten wie im Garten Eden.
Und unterwegs beschenktest Du das Volk
mit Gesetzen und Geboten,
die erst ein Freiheitsleben möglich machen.
Denn da siegt nicht die Faust des Stärkeren.
Im Land der Freiheit herrschen Liebe und Vertrauen.
Dort achten Menschen aufeinander,
und sie bekümmern sich,
dass niemand Unrecht leidet oder unterdrückt wird.
Im Grunde, Gott,
sind wir zum Land am Jordan immer noch auf Reisen.
Lehr uns und andere die Fähigkeit zur Freiheit
von Tag zu Tag, und immerfort,
zur Freiheit für das Gute,
zur Freiheit, die nicht nach der öffentlichen Meinung fragt,
erst recht nicht nach persönlicher Bequemlichkeit,
sondern nach Deinem Wort und Deinem Willen.

Amen

Freude

Großzügiger, verschwenderischer Gott,
hab Dank für das Geschenk der Freude!
Sie füllt den ganzen Menschen aus,
den Leib genauso wie die Seele.
Sie macht uns reich und glücklich,
mehr als alle Güter oder Schätze,
die uns die Welt zu bieten hat.
Die Freude ist das Wesen Deines siebten Tages,
als Du die Schöpfung ruhig und zufrieden
betrachtetest und billigtest.
Die Freude ist das Wesen unsrer Feste,
wenn wir mit Dir und den Geschwistern
für eine Zeit im Einklang stehen.
Die stille Freude ist der Dank für alles Gute,
das wir den Mitmenschen zu tun vermögen.
Versorge weiter uns mit diesen Freuden, Gott,
und füge stille, heimliche
und laute, überschwängliche hinzu,
die Du für angemessen und geeignet hältst.
Bis in die Tiefe reichen Deine Freudengaben
und sind ein Vorgeschmack auf Deine neue Welt.
Und wenn es uns gelingt, sie auszustrahlen,
weiterzugeben an die Nachbarn links und rechts,
dann werden wir Boten des Evangeliums.
Das wäre schön. Hilf bitte uns dazu.

Amen

Wenn Du uns grüßt oder uns grüßen lässt,
Herr Jesus,
dann sprichst Du »Schalom«, »Friede sei mit euch«.
Der Friede, den Du meinst, der ist das gute Leben,
nicht nur Abwesenheit von Krieg und Streit,
sondern ein wahres Miteinander,
im Einvernehmen zwischen Nachbarn,
sei es von Haus zu Haus,
sei es von Land zu Land.
Die Hand zu reichen
und den Mitmenschen zu achten,
all das gehört zum täglichen »Schalom«.
Du hast ihn vorgelebt,
Herr Jesus,
und hast uns Spuren hinterlassen,
in die wir unsre Füße setzen dürfen.
Den Weg des Friedens lass uns gehen,
damit die Welt schrittweise heil wird,
gesünder, reiner,
bis Dein Reich des Friedens kommt.

Amen

Garten

Gott, unser Schöpfer und Erhalter,
wenn ich durch einen grünen Garten schreite,
so wie einst Du, im Lande Eden,
dann achte ich auf alle alten Bäume
und höre, wie Du durch sie zu mir sprichst.
Du lehrst mich hoffen und vertrauen
durch die Jahreszeiten,
blühende und dürre,
fruchtbare und verdorrte.
Du gibst mir Teil an Deiner Schöpfung,
am Wachsen und Gedeihen
und an der unausweichlichen Vergänglichkeit.
Jenseits des Jordan wartet er,
der neue Garten, der nicht mehr vergeht.
In ihm stehn Bäume an dem klaren Fluss,
Bäume, die heilen, was uns schmerzt,
und ihre Blätter, Blüten, Früchte
niemals mehr verlieren.

Amen

Wenn Du uns Engel auf die Erde sendest, Gott,
als unerkannte Wanderer und stille Fremde,
dann lass sie, bitte, Platz an unsern Tischen finden,
lass alle Türen für sie offen stehen,
damit sie nicht betrübt oder missachtet weiterziehen.
Hilf uns, die Wohnungen und Häuser zugänglich zu lassen.
Gib uns Vergnügen, sie für uns und andere zu schmücken.
Schenk uns die Neugier auf Geschichten von Besuchern,
und halte auch die Freude am gedeckten Tisch lebendig.
Ja, Gastfreundschaft gehört zu einem guten Leben.
Wir brauchen sie auch selber, wenn wir fremd und ratlos sind,
auf Reisen oder spät in einer unbekannten Gegend.
Wie schön ist da ein warmes Licht,
ein offnes Haus, ein freundliches Willkommen.
Häufig sind wir bei Dir zu Gast, Du großmütiger Gott.
Wir lauschen andächtig auf Deine weisen Worte.
Wir singen Lieder und empfangen Brot und Wein.
Wenn wir gesegnet dann Dein Haus verlassen,
soll dieser Segen nicht nur bei uns bleiben,
sondern auch anderen zugute kommen,
sie mögen Menschen oder Engel sein.

Amen

Gebote

Deine Gebote, Gott, sind eine Hilfe für uns Menschen.
In Deiner Welt leitest Du uns zu einem guten Leben.
Deine Gebote: Sie sind keine Zwänge,
sie sind Einladungen zur Ordnung und zur Liebe.
Deine Gebote helfen uns zum Frieden.
Sie stehen gegen eine Welt der Waffen und der Furcht.
Sie sprechen lehrreich zu uns, jeden Tag.
Wenn Menschen nicht mehr auf Dich hören,
wenn sie nicht mehr auf andre achten
und auf die Welt, die Du erschufst,
dann zählt nur noch das Recht des Einzelnen,
und nur der Stärkere scheint zu gewinnen.
In Wirklichkeit muss er andauernd kämpfen
und findet keinen Frieden, nur den Krieg.
Öffne die Herzen, Gott, für Deine Worte,
damit wir leben lernen,
auf Dich hörend und Dir zugewandt.

Amen

Gott, Allbarmherziger,
wir bitten Dich für alle Menschen in Gefangenschaft.
Es gibt unzählige von ihnen auf der Erde.
Da sind Verurteilte, die vor Gerichten standen
und weggesperrt nun in den Zellen sitzen.
Manche von ihnen büßen für die Taten,
die sie an anderen begangen haben.
Hilf ihnen, zu bereuen und neu anzufangen,
zuerst mit sich, dann mit der Welt.
Stell ihnen dabei liebevolle Menschen an die Seite.
Manch andere hat es zu Unrecht hart getroffen.
In Diktaturen sind Gefangene
häufig die freien Denker, die Ideen Sprache geben.
Besuche Du sie an den finstren Orten,
wo man sie zum Verstummen bringen will,
und hilf, dass sie nicht in Vergessenheit geraten,
sondern das Licht des Tages sehn.
Gefangene gibt es jedoch nicht nur in Haftanstalten.
Manch einer ist auf andre Art gebunden,
und vielleicht merkt er es nicht mal.
Öffne den Süchtigen die Augen für den Teufelskreis,
der immer tiefer in Abhängigkeiten führt.
Schenk ihnen Sehnsucht nach der Freiheit
und zeige erste Schritte, die sie dorthin gehen können.
Gefangene sind wir Sterblichen alle.
In unsern Leibern stecken wir mit sämtlichen Gebrechen.
Am Ende wirst Du uns befreien, großer Gott.
Wir danken Dir dafür und sagen:

Amen

Geist

Zu Dir, Du Atemhauch des einen Gottes,
Du Geist der Schöpfung,
Geist des neuen Lebens und der Fantasie,
zu Dir rufen wir heute voller Sehnsucht: Komm!
Ja, komm mit Deinem frischen Wind!
Lass uns aufatmen, frei die Welt mit neuem Blick erfassen.
Komm auch mit Deinen hilfreichen Ideen,
die uns das neue Ufer sehen lassen,
und mach uns fähig, Schiffe auszurüsten
und gemeinsam aufzubrechen.
Komm dorthin, wo die Menschen sich nicht mehr verstehen,
nicht mehr auf andre hören,
nicht mehr freundlich sprechen.
Nur Du kannst Ohren öffnen, Zungen lösen, Herzen auftun,
Du schaffst Gemeinschaft und Gemeinde, wenn Du kommst.
Komm bald und, bitte, nicht nur kurz.
Bleib bei uns, bis wir die Bewegung spüren,
das Neue, Schöpferische, Wunderbare,
ja, komm zu uns und anderen, Du starker Geist!
Wir haben Angst vor echten Wandlungen
und warten trotzdem sehnsüchtig, dass sie geschehn.
Du bläst hinein.
Sie fangen an, und es wird gut.

Amen

Herr Jesus, vor Dir fliehen böse Geister.
Du sprichst ein Wort.
Sie fahren aus und sind verlorn.
Es öffnen sich die Ohren, Lippen, Herzen
und kranke Menschen werden wieder frei.
Geschähe doch solches bei uns, Herr Jesus!
Und fänden wir so große Worte,
die ganze Welt würde gesund!
Die bösen Geister sind so tief verborgen
und leben von den Seelenkräften überall.
Sie schüren Ängste, wecken ungesunde Wünsche,
sie machen Menschen einsam, stumm und starr.
Sie spiegeln uns, dass wir nur scheitern,
wenn wir uns ihnen widersetzen.
Sprich Du zu uns, sprich Du zur Welt,
vertreibe alle bösen Geister.
In unserm Land den Mammon an der ersten Stelle,
schick ihn zur Hölle, wo er hingehört.
Lass ihm den Traum ewiger Jugend folgen,
und dann die Sehnsucht nach Erfolg und Sieg.
Die bösen Geister fordern Opfer,
nicht nur von Menschen, auch von der Natur.
Der Schöpfungsatem Gottes wird durch Gift ersetzt.
Herr Jesus, heile uns und unsre Welt.
Sprich nur ein Wort, so werden wir gesund.

Amen

Gemeinschaft

Herr Jesus, Du bist unser Lehrer.
Du lehrst uns nicht nur mit Geschichten,
mit Gleichnissen und Deutungen mosaischer Gesetze.
Du lebst uns zugleich vor, was Deine Lehre heißt.
Und weil ein Mensch alleine dem nicht folgen kann,
hast Du von Anfang an ein Lehrhaus rund um Dich versammelt.
Da sind die Zwölf, die an die Stämme Israels erinnern.
Den Petrus hast zum Klassensprecher Du ernannt.
Da sind jedoch auch andere, für lange oder kurze Zeit,
Frauen und Männer, Alte, Junge, Gebildete und Ungebildete.
Zu einem Leben mit Dir und zum Lernen von Dir
gehört die Gemeinschaft.
Bis heute geht Dein Lehrhaus bei uns weiter.
Gemeinschaften entstehen in den Schulen,
wo Lehrerinnen an Dein Wort und Deine Tat erinnern.
Gemeinschaften sind auch die Konfirmandengruppen,
wo junge Leute überlegen, wie sie als Erwachsne mit Dir leben.
Gemeinschaften werden zu kirchlichen Gemeinden,
in denen nicht nur sonntäglich gefeiert wird,
sondern auch Gruppen oder Kreise in Deinem Namen
unterwegs sind und Erlebnisse mit andern teilen.
Begegne und begleite uns, Herr Jesus.
Lass diese Gruppen zu Familien werden,
in denen Schwestern oder Brüder sich begegnen.
Und, bitte, deck uns immer wieder Deinen Tisch,
damit wir nicht nur Dein Wort hören und über Deine Taten staunen,
sondern auch miteinander und leibhaftig Dir begegnen.
Du bist lebendig, Jesus, Bruder, Herr, wir danken Dir.

Amen

Allmächtiger und guter Gott,
als Du dem Menschen Ohren schufst und Augen,
Zunge und Nase und empfindsam zarte Haut,
da hattest Du die wunderbare Welt bereits ins Sein gerufen.
Nun wartet sie mit ihren Schätzen auf.
Wir danken Dir, Gott, für das Lied der Vögel
und für das Wispern kleiner Espenblätter, die der Wind bewegt.
Wir danken Dir, Gott, für das Licht der Sonne
und für das bunte Vielerlei an Pflanzen, Tieren und Insekten,
die sich in Deinem reichen Garten finden lassen.
Wir danken Dir, Gott, für den Duft von frisch gebacknem Brot
und für den sonnenwarmen, reifen Apfel,
der sich so gerne pflücken lässt.
Unübertrefflich ist es, wenn uns sanfte Hände streicheln.
Du wolltest nie, dass ein Mensch ganz alleine sei.
So schön ist Deine Schöpfung, fürsorglicher Gott!
Es macht uns glücklich, ihre Wunder zu genießen.
Du hast sie nicht nur neu gemacht,
Du willst sie auch erhalten.
Gib uns die Aufmerksamkeit, die wir brauchen,
um dabei zu helfen,
damit auch unsre Kinder sich an Deiner Schöpfung freun.

Amen

Gerechtigkeit

Barmherziger und schöpferischer Gott,
nur Du alleine kannst Gerechtigkeit herstellen.
Wir Menschen können andre schuldig sprechen,
wir können Bußen oder Strafen über sie verhängen.
Wer Schlimmes tut, kann vor Gericht verurteilt werden.
Doch was passiert mit seinen Opfern?
Wer hilft ihnen, wer tröstet, rettet sie?
Wer macht den Schaden wieder heil?
Nur Du alleine kannst das Böse wenden
und es in Gutes und Gesundes wandeln.
Nur Du alleine kannst Verlorenes ersetzen
und Traurige wieder zum Lachen bringen.
Nur Du allein kannst neues Leben schaffen,
sogar dort, wo es Mord und Totschlag gab.
Um diese unbegreifliche Gerechtigkeit,
Du großer Gott, bitten wir Dich von ganzem Herzen.
Lass nicht das Schreckliche einfach geschehen sein,
sondern bewahre alles Gute im Gedächtnis
und schaff es neu, wenn Du einst diese Erde richtest.
Ja, Du bist Richter, und das heißt: Du richtest her,
Du machst es gut, alles, was uns missglückt ist.
Wie wertvoll ist das, Gott, wie wichtig und wie schön.
Wir freuen uns auf das kommende gute Ende.

Amen

In Deiner Weltgeschichte, Gott,
lebe ich gerne.
Es gibt so viele andere Geschichten,
die mich tief hinunterziehen.
An Deiner muss ich nur teilhaben,
nur dabei sein, hörend und empfindsam,
und auf den väterlichen Wegen gehen,
die Dein Licht unsern Füßen weist.
Geschichte, Gott, wird gern erzählt,
als sei sie folgerichtig und vernünftig.
Das war sie nie und wird sie niemals sein,
denn Menschen handeln unberechenbar,
und manchmal genügt Einer in der Zeit,
um Tausende zu führen und zu leiten.
Lass diesen Einen für mich Jesus sein,
der eine Welt des Friedens suchte,
der keine Waffe hatte außer Deinem Wort
und keine Heimat außer Deinem Reich.
Von Dir kommt diese Welt,
zu Dir kehrt sie zurück.
Hilf mir und uns, das zu verstehn,
dann leben wir in Deiner Weltgeschichte.

Amen

Gespräch

Gott, wenn Du sprichst,
höre ich dann auf Dich und Deine Worte?
Höre ich auf die Gleichnisse,
die wunderbaren Prophezeiungen, die Jesus uns erzählt?
Ich bitte Dich, vergib mir meine Taubheit
und meinen kleinen Glauben, der voll Zweifel ist.
Wenn andre Menschen zu mir sprechen,
will ich gut hören, was sie meinen.
Und wenn wir sehr verschieden denken,
dann will ich nicht dem anderen allein die Schuld zusprechen.
Wer weiß:
Vielleicht sind meine Scham, mein Zorn und meine Furcht
Kennzeichen meiner Unaufmerksamkeit
und meines engen Herzens?
Lehre mich beten, Gott,
nach schwierigen und unverständlichen Gesprächen,
lehre mich weiterfragen, bei Dir und denen, die mich ärgern.
Lehre mich Verständnis für die Schwächen,
die ihre scheinbar starken Worte offenbaren.
So hoffe auch ich täglich auf Dein Mitleid,
der Selbstbezogene,
der von Dir Abgewandte, der ich bin.

Amen

Was ist Gesundheit, Gott?
Eine Gewöhnlichkeit?
Eine Besonderheit, ein Gut, ein wertvolles Geschenk?
Im Grunde nagt an jedem Menschen die Vergänglichkeit.
Beim einen deutlich sichtbar, beim anderen verborgen.
Das zu erblicken, lehre uns.
Auch unsre Schwächen und Unfähigkeiten,
unsere Falten im Gesicht
und jeder Rollstuhl,
sind liebenswert in Deinen Augen,
der Du uns schufst und uns erhältst.
Gesund zu sein, das heißt, Dir nah zu sein.
Das können Kinder gut, die Unbefangenen,
und wer es lernte, sollte dabei bleiben.
Dein Trost, Du Liebender, bleibt uns erhalten,
dass wir Deine Geschöpfe sind.

Amen

Gewalt

Herr Jesus, Gott hat Dir gegeben
alle Gewalt im Himmel und auf Erden.
Von Dir wollen wir lernen, was Gewalt im guten Sinne ist.
Als Dich der Teufel einst auf einen Berg entrückte
und Dir Gewalt über den Erdenkreis versprach,
wenn Du vorher vor ihm, dem Teufel, niederfielst,
da wiesest Du ihn ab und sprachst:
»Du sollst anbeten den Herrn, Deinen Gott,
und ihm allein, niemand anderem dienen.«
Damals fiel die Entscheidung, »Ja« zu sagen
zum Leiden und am Ende auch zum Tod am Kreuz.
Du pochtest niemals auf das Recht des Stärkeren.
Du setztest Dich nicht mit den Fäusten
gegen die vielen Widersacher durch.
Deine Gewalt auf Erden, als Du unter Menschen lebtest,
war eine Macht der Worte und der heilsamen Begegnung.
Du sprachst so, dass sich Herzen wandelten,
und legtest sanft die Hände auf, dass Krankheit wich.
Dein letzter, größter Sieg geschah ganz ohne Waffen.
Der Tod verlor und wusste nicht, wie ihm geschah.
Deine Gewalt dient unserm Frieden und dem Bau am Gottesreich.
Hilf uns, an dieser Form von Macht Anteil zu haben,
als Leidende, die doch am Ende stärker sind,
als Traurige, die erst mit Tränen säen
und schließlich doch mit Freuden ernten,
als Mitleidige, die sich zu den Schwachen beugen
und ohne Angst Bedürftigen zur Seite stehn.
Dein Reich wird kommen, dessen sind wir sicher.

Amen

Herr Jesus, einst sprach Thomas inbrünstig zu Dir:
»Mein Herr und mein Gott«,
weil er Dich als Auferstandnen sah.
»Selig«, so gabst Du ihm zur Antwort,
»sind die, welche nicht sehen und doch glauben.«
Und im Hebräerbriefe lesen wir:
»Es ist der Glaube eine feste, hoffnungsvolle Zuversicht,
die frei vom Zweifel ist, auch wenn man gar nichts sieht.«
Herr, gib uns Augen, die das Geistige wahrnehmen können,
das unsichtbar hinter den materiellen Dingen lebt.
Vor allem aber gib uns Augen,
die im anderen Menschen Dich erkennen.
So wie Sankt Martin einst im Winter einem Bettler half,
so öffne Du auch uns die Augen unsres Herzens.
Was wir auf dieser Welt erblicken, kann uns irreführen.
Wir können Pracht und Glanz
mit Deiner Herrlichkeit verwechseln.
Hilf uns zum Glauben, Herr,
der tiefer schaut,
der Dein Reich kommen sieht und unterdessen
sich auch am Glück des Mitmenschen erfreut.

Amen

Glocken

Samstag
Danke, Gott, dass diese Woche wieder gut verlief.
Schenk uns Frieden, Ruhe, Einkehr. Bleib bei uns.
Amen

Sonntag
Du rufst uns Gott, Dein Wort zu hören
und miteinander Dein Lob anzustimmen.
Wir danken Dir für den Beginn der nächsten sieben Tage.
Amen

Taufe
Ein Mensch wird Teil Deiner Familie werden, Gott.
Nimm ihn voll Liebe bei Dir auf.
Leite ihn selber und seine Familie
den rechten Weg durchs Leben.
Amen

Trauung
Zwei Menschen treten vor Dich, Gott,
Sie bitten Dich um Segen und Bestärkung.
Gib ihnen diesen Segen,
die Liebe für einander, für die Nächsten und für Dich.
Amen

Beerdigung
Ein Leben ging zu Ende, Gott.
Lass uns niemals vergessen, dass wir sterben müssen,
damit wir klug werden.
Amen

Gott, ich habe lieb die Stätte Deines Hauses
und den Ort, da Deine Ehre wohnt.
Zu Hause und noch viel mehr bei der Arbeit,
da kann es schwer sein, Dich und Deine Kraft zu spüren.
So viele Tätigkeiten und Gedanken stehen dort im Weg.
Doch jede Woche öffnest Du Dein Haus für uns
und kommst uns nah mit Wort und Sakrament.
Auch zu uns selber und zu unserm Nachbarn
finden wir dort manche Zugangswege,
die sonst im Alltag oft verborgen oder gar verschüttet sind.
Darum sangen schon die Kinder Korachs in dem Psalter:
Unsre Seele verlangt und sehnt sich
nach den Vorhöfen des Herrn;
der Leib und auch die Seele freuen sich in Dir,
in dem lebendgen Gott.
Denn wie ein Vogel, der ein Haus fand,
die Schwalbe auch ihr Nest,
darin sie Junge hegen, so machst Dus mit uns.
In Deinem Hause nämlich, Herr Gott Zebaoth,
ernährst Du uns und ziehst uns groß.
Mein König und mein Gott!
Wohl denen, die in Deinem Hause wohnen,
die loben Dich ihr Leben lang.

Amen

Handel

Gott, es ist gut, wenn Menschen richtig Handel treiben.
So kommen sogar Völker in Verbindung.
Sie lernen Waren kennen, die sie neu und wichtig finden,
sie lernen Sprachen, um sich zu verständigen,
entdecken Wege, um zu reisen und die Waren zu befördern.
Auf diesen Wegen kam auch Deine Botschaft zu den Völkern.
Ja, es ist gut, wenn Handel wohlgelingt
und sogar unerwartet schöne Früchte bringt.
Hilf Du dazu,
und wehre allem falschen Ehrgeiz,
der Handel oftmals Kriegen ähnlich macht.
Da finden wir betrügerische Mittel,
Ausbeutung und Verbrechen ohne Zahl.
Als käme es nur darauf an, eignen Gewinn zu machen.
Lass einen Handel blühen, Gott, an dem sie alle Freude haben,
die Menschen, die mit Rohstoffen zu tun bekommen,
sei es als Bauern oder Landarbeiter, sei es in den Minen,
die Menschen, die mit Herstellung beschäftigt sind
und schließlich auch die Händler und die Käufer.
All diesen schenke Du ihr Recht
oder ermahne sie und uns, die Pflicht zu achten,
mit der uns Dein Gesetz zum guten Leben führt.

Amen

Gott, was mache ich mit meinem Hass,
den ich manchmal stark empfinde,
sodass in mir alles krampft und schreit?
Gott, gestatte mir, das ich ihn zu Dir bringe,
ihn vor Deine Füße werfe,
in der Hoffnung, dass Du ihn verwandelst
und mich reinigst von der Übelkeit.
Mein Hass gilt meist den Gewalten,
die aus Menschen andre Wesen machen,
kalte, teilnahmslose, eilige,
blind für andere und deren Sorgen.
Auch ich selber werde manchmal stur
und verachte mich dafür,
ohne einen Weg hinaus zu wissen.
Heile mich, Gott,
reiß diesen Hass aus meiner Seele
und verwandle diese Welt,
die an vielen Orten eng ist und gemein.
Deine Liebe, Gott,
wird diesen Hass besiegen
und Gerechtigkeit und Frieden schenken,
das hast Du uns versprochen.

Amen

Heimat

Herr Jesus, als Du Deine Schüler riefst,
verließen sie ihr Vaterhaus,
das Altgewohnte und Vertraute.
Du schenkst uns eine neue Form der Heimat.
Sie bindet uns nicht mehr an eine feste Scholle,
sondern an Deine Worte und an Deine Nähe.
Und weil Du uns ins Gottesreich vorausgegangen bist,
ist unsere Heimat nun in Wahrheit dort.
»Wir haben hier keine bleibende Stadt«,
so steht es im Hebräerbrief geschrieben,
»vielmehr: die zukünftige suchen wir.«
So hilf uns suchen und Dir folgen
und auch in Deinen Spuren immer neu
bereits ein Stück von dieser Heimat finden, die Du schenkst.
Dann lässt sich auch auf dieser Erde schon
gelegentlich die Luft des Himmels atmen.

Amen

Gütiger Gott, für alle Menschen hast Du vorgesorgt.
Auch wenn nun viele Städte dicht bewohnt sind,
reicht alle Nahrung, die es auf der Erde gibt,
Getreide und Gemüse, Früchte und so vieles Gute.
Auch klares Wasser fließt in großer Fülle.
Verteile Du das alles mit menschlicher Hilfe,
damit auf Erden alle leiblich satt sind
und niemand Hunger oder Durst erleiden muss.
Versorge uns dazu auch mit geistiger Nahrung.
Lass unsre Seelen nicht verkümmern und verdorren.
Sie sehnen sich nach guten Worten,
schönen Bildern, reinen Klängen.
Sie trinken Kraft aus liebevollen Quellen.
Wie Moses in der Wüste nicht nur die Gebote überbrachte,
sondern auch Wasser aus dem Felsen schlug,
so gib auch uns leiblich und seelisch Rettendes zu trinken.
Wir danken Dir, Du fürsorglicher Gott.

Amen

Jahreszeiten

Mit Noah hast Du einst den Schöpfungsbund geschlossen,
Du rettender und allmächtiger Gott.
Du sagtest ihm, als die Flutwasser wichen:
»Solang der Himmel und die Erde stehen,
sollen nicht enden Saat und Ernte,
Sommer und Winter, Frost und Hitze, Tag und Nacht.«
Dass dies Versprechen wahr ist, spürn wir nun jedes Jahr.
Die ganze Welt erneuert sich im Wechsel.
Und jede Zeit hat ihre Botschaft.
Sie spricht von Dir auf eigne Weise.
Im Frühling hören wir das Osterlachen,
da wacht das neue Leben auf, das den Tod besiegt.
Im Sommer drückt uns Hitze nieder,
doch niemals warst Du Deinem Volke näher,
als in der langen Wüstenzeit.
Im Herbst werden die Früchte eingefahren,
und später überkommt uns Traurigkeit.
Dein Reich wird kommen, das erfahren wir auf diese Weise.
Wir müssen Abschied nehmen, doch die Fülle wartet schon.
Im Winter wird die Sonne schwächer,
doch wenn dann alles dunkel scheint,
kommst Du mit Deinem Licht in diese Welt.
Dein Sohn wird Mensch,
ein Glück für alle, die ihn sehnsuchtsvoll erwarten,
und auch für andere. Sie werden einfach überrascht.
Ja, Gott, Dein Schöpfungsbund trägt uns durch jedes Jahr.
Wir danken Dir für Deine Treue
und bitten Dich, steh uns in allen Zeiten bei.

Amen

Heiliger Gott,
wann wird Jerusalem zur Stadt des Friedens werden,
wie Du es uns vor langer Zeit verkündet hast?
Wann werden alle Völker, alle Sprachen
sich auf dem Tempelberg versammeln,
um sich geschwisterlich in Deinem Namen zu umarmen?
Wann werden alle umliegenden Länder
die Waffen ablegen und Friedensfahnen hissen?
Werden wir das in unsern Zeiten noch erleben?
Oder wirst Du Jerusalem erst noch verwandeln müssen
in eine Stadt der Regenbogenfarben,
in der die Quellen aus dem Garten Eden
nun aus dem Tempel mit dem Heiligtum entspringen,
und Bäume an den Ufern stehn, die Heilung bringen
für alles, was Gewalt und Hass vollbrachten?
Dann lass uns träumen, Gott, von Deinem Reich!
Lass uns die Bibel öffnen, Deine Worte lesen,
um uns die Hoffnung zuzusprechen,
die Du schenkst.

Amen

Jesus

Danke, Herr Jesus, dass Du hier auf dieser Erde
Dein Leben führtest und vollendetest.
Von Jahr zu Jahr erinnern wir uns neu und staunen,
als Kinder ebenso wie als Betagte.
Wir zünden im Dezember Kerzen an,
die uns auf Deine Ankunft vorbereiten.
Wir hoffen auf Dein Licht in unsern Herzen,
in unsern Häusern, unsern Dunkelheiten.
Am Weihnachtsfest gehn Träume in Erfüllung,
vielleicht nicht in Gestalt üppiger,
zugleich vergänglicher Geschenke,
sondern als Wende in der Weltgeschichte.
Seit diesem Tage haben Angst und Tod ihr Spiel verloren,
denn Du bist auf die Welt gekommen.
Verborgen erst, nur für Erwählte sichtbar,
doch schon bringst Du die Menschen in Bewegung.
Die armen Hirten huldigen Dir ebenso
wie reiche Sternendeuter aus dem Osten.
Als Du Dich Jahre später taufen lässt,
spricht Gott für alle, die es hören können:
»Du bist mein liebes Kind, an dem ich Freude habe.«
Ja, Jesus, Gottes Freude bringst Du
in Deinem Leben zu uns Menschen.
Du heilst und segnest, lehrst und führst
alle, die auf Dich trauen und auf Gottes Wunder hoffen.
So wird die Zukunft bereits sichtbar,
die Gott nun aller Welt verheißt.
Dann gehst Du mutig bis ins tiefste Leiden,
gewaltsam scheint die Dunkelheit zu siegen.
Doch Ostern lehrt uns eine neue Sicht der Dinge.

Das Leben siegt. Wir dürfen über Tod und Teufel lachen.
An Pfingsten breitest Du für alle diese frohe Nachricht aus.
Dein Geist, der Tröster, kommt zu uns.
Herr Jesus, lehre uns mit Dir zu leben,
Dir zu vertrauen und in andern Menschen zu begegnen.
Stärke uns immer neu durchs Abendmahl
und durch die gute Botschaft Deiner Worte.
Und hilf uns schließlich in Dein gutes Reich,
das neue Heimatland, in dem Du auf uns wartest.
Dort wollen wir Dich endlich mit eigenen Augen sehen.

Amen

Keuschheit

Beisammenstehen, auch in harten und in schweren Zeiten,
das ist es, was Du Mann und Frau versprechen lässt.
Und Du gibst Deinen Segen, Gott, zu ihrer Ehe,
damit sie treu die Hände ineinanderlegen
und ihren Weg fortan gemeinsam gehn.
Wie schwer das sein kann! Du weißt es.
Es gibt so viel Enttäuschung und Betrug,
so viele Lügen, Listen, Streiche,
dass es ein Wunder scheint, wenn eine Ehe gut verläuft.
Lehre Du uns, sorgfältig miteinander umzugehen,
das Wohl des anderen im Blicke zu behalten,
die eigene Befriedigung nicht in den Vordergrund zu stellen,
achtsam zu leben und behutsam, rücksichtsvoll.
Lehre Du uns das schon von Kindheit oder Jugend an.
Die eheliche Treue kommt nicht von alleine,
sie will geübt sein, in Familien,
in Freundeskreisen und Vereinen.
Die Treue, die Du selber uns erweist,
ermutigt uns, Dir dankbar nachzufolgen.
Du stehst in jeder Zeit zu Deinem Wort
und bleibst auch den Untreuen eng verbunden,
die durch Geburt und mehr noch durch die Taufe
ganz eng zu Dir und Deinem Volk gehören.
Hilf uns, Dir diese Treue zu erwidern
und sie auch andern Menschen zu erweisen,
am meisten den Geliebten, Anvertrauten.

Amen

Herr Jesus, Du hast einst die Kinder zu Dir eingeladen,
hast sie geherzt und liebevoll gesegnet.
Ein Kind, so sagtest Du zu Deinen Schülern,
kommt ins Reich Gottes, weil es sich so gern beschenken lässt.
Lehre uns, so zu werden wie die Kinder,
die Hände und die Herzen offen gegenüber Gott.
Erwachsene wollen auf eignen Füßen stehn.
Sie wollen stark sein und das Leben selber meistern.
Dabei wird leicht der großzügige Gott vergessen,
aus dessen Hand wir alles Lebenswichtige empfangen.
Wir wollen Kinder sein, die bis ins Alter »Vater unser« sagen,
wenn sie sich an Gott wenden, ihm ihr Leben anvertraun.
Wir sagen gerne »Danke« Tag für Tag, morgens und abends
für alles, was vom Vater wir bekommen.
Am Ende werden wir nicht dran gemessen,
was wir geleistet haben in der Welt,
wohin wir aufgestiegen sind,
beruflich und persönlich,
und wie viel Geld oder Besitz gesammelt ist.
Wir werden vielmehr Kinder sein und bleiben,
Deine Geschwister, Jesus, Bruder, Herr.
Ja, lehr uns heute schon, dem zu entsprechen,
dann können wir geduldig, freundlich und voll Segen
zu allen andern kleinen Kindern auf der Erde sein.

Amen

Kirche

»Kirche«, Du großer Gott,
das ist ein Wort des Lobs für Dich.
Ursprünglich steht es für den Sonntag,
den ersten Tag der Schöpfung,
den Tag des Lichts, und Jesu Auferstehung.
Dann nannten sich die Schüler,
die auf Deine Worte hörten »Kirche«.
und nannten ebenso die Häuser
des Gebets und Gottesdienstes.
Möge dies Wort auf Dich bezogen bleiben!
Zu oft spricht man in unsrer Zeit
von »Kirche« als einem Verein,
einer Organisation mit irdischen Vertretern,
die viele kluge Dinge sprechen.
Dein Name, Gott, Dein großes Wort,
das Lob für Dich und Deine Taten,
verschwinden hinter vielem Anderen,
das blass erscheint vor Dir.
Erwecke Deine Kirche, Gott,
den Ort, an dem Dein Sonntagslob erklingt.
Die Welt soll sich nicht in den eigenen Worten
verlieren und verirren und schließlich verstummen.

Amen

»Warum sorgt ihr euch um die Kleidung?«,
so sprachst Du, Jesus, in der großen Predigt.
»Schaut euch die Lilien an, die auf dem Felde wachsen,
sie nähen oder schneidern gar nichts selbst
und sind doch schöner als ein König.«
An dieses Wort erinnere uns immer wieder,
wenn wir durch äußern Schein Aufsehn erregen wollen.
Es ist schon wichtig, warm genug und passend sich zu kleiden.
Doch wichtiger als prächtig aufzutreten
ist Gottes Blick auf uns, sein Blick ins Herz.
Gott sieht uns liebevoll und freundlich an, das lehrst Du,
er kennt die Schönheiten des innern
und nicht nur die des äußern Menschen.
Vielleicht kann unsre Kleidung davon Auskunft geben,
bescheiden, freundlich, zweckmäßig und fröhlich sein.
Dein Vater, unser Gott,
er möchte, dass wir hier zufrieden sind,
und dazu gehört sicher auch die Kleidung.
Freilich nicht nur die eigene, auch die der andern.
Wie sie nicht hungern oder dürsten sollen,
dürfen sie auch niemals aus Armut frieren.
Lass uns im Notfall Kleider weiterschenken,
so wie es einst St. Martin tat,
der in dem Frierenden am Straßenrande Dich erkannte.
Herr Jesus, der Du Dich stets auf die Seite aller Armen stellst:
Hilf Du auch uns, Dich überall zu finden
und uns mit Dir zu wärmen, als Geschwister.

Amen

Klugheit

Jesus, eine wahre Kunst ist Deine Klugheit.
Du entkommst den Menschen,
die Dich bloßstellen und verspotten wollen,
indem Du klare, gute Worte findest.
Denen, die Dich nach der Steuer fragen,
zeigst Du die zwei Welten,
als Du sie das Bild des Kaisers
auf der Münze finden lässt.
»Gebt dem Kaiser, was ihm ohnehin gehört!«
Deine Welt ist keine Welt des Geldes.
Als man vor Dich eine Frau führt,
die beim Ehebruch gefangen wurde,
öffnest Du die Herzen für die eigne Schuld.
»Wer unschuldig ist, werfe den ersten Stein.«
Jeder spürt gleich, ich kanns nicht,
und weicht beschämt zurück.
Du bist ein guter Lehrer, Jesus.
Viele Geschichten von Dir zeigen das.
Lass sie uns nicht allein bewundern,
lehre uns, klug zu leben,
achtsam, klar und deutlich.

Amen

Du starker Gott,
hab Dank für alle Kraft, mit der Du uns erfüllst.
Wenn wir gut atmen, essen, leben, uns bewegen,
ist das sehr viel. Wir freuen uns.
Von Zeit zu Zeit benötigst Du besondre Helfer,
gelegentlich sogar den einen oder andern Helden,
Leute wie Judith oder Samson,
kraftvoll und unerschrocken
und berufen, andere zu retten.
Lass solche Judith- oder Samsonkraft
durch unsre Herzen oder Hände strömen,
wenn wirklich schwere Arbeit
auf uns schwache Menschen wartet.
Gib Kraft, die unsre Worte mächtig macht,
damit sie überzeugen und Gutes bewirken.
Gib Kraft, die unsre Füße standhaft bleiben lässt
und unsern Rücken aufrecht,
auch wenn uns andere verbiegen und vertreiben wollen.
Gib Kraft in unsre Hände, dass sie Frieden stiften
und Feinde schließlich sich versöhnen lassen.
Und gib uns Kraft, auch harte Zeiten zu ertragen.
Nicht alles Gute lässt sich kämpferisch gewinnen.
Ausdauer und Geduld brauchen auch Kraft von Dir,
der lange Atem ist ein wichtiges, starkes Geschenk.

Amen

Krankheit 1

Herr Jesus, mach uns heil
mit Deinen Wunderhänden.
Berühre uns am Leib und in der Seele,
damit wir Gottes ganze Fülle spüren
und ihm von Herzen danken, Tag und Nacht.
Doch wenn wir einmal krank sein müssen,
dann lehre uns das Gute darin zu erkennen.
Bedürftigkeit und Angewiesenheit,
das öffnet manchmal erst die Augen.
Die eigne Schwäche lässt uns neu
den Blick auf Gott ausrichten,
ihn suchen, fragen und um Kraft und Heilung bitten.
Und wenn wir Dir geeignet scheinen, Jesus,
dann lehre uns, auf Deinem Weg zu wandeln.
Zeig uns die Kranken, die unsere Hilfe brauchen,
damit wir sie besuchen und mit ihnen beten,
ihnen zuhören und sie trösten.
Du selber bist der große Arzt.
Nimm uns an Deiner lieben Hand
und führe uns ins Licht.

Amen

Jesus, Du machst uns heil:
Manchmal als ganze Menschen,
körperlich und seelisch,
manchmal nur durch die Hoffnung,
die Du schenkst, auf Gottes Ewigkeit.
Du hast gepredigt, dass das Herz aufgeht,
und Deine Hände haben das bestätigt.
Dein erster Schüler, den Du Petrus nanntest,
hat es von Dir erlebt,
als Du mit Deiner milden Hand
seine geliebte Schwiegermutter
von ihrer Fieberglut befreitest.
Für alle, die unheilbar krank
und schwach darniederliegen,
bist Du durchs dunkle Tal gegangen
und hast es weit geöffnet,
hinüber in das Gottesreich,
in dem wir Frieden finden.

Amen

Krieg

O Gott, es gibt nichts Schlimmeres als Krieg.
Danke für jeden Tag, an dem Du uns davor bewahrst.
Steh allen Mächtigen auf dieser Erde bei,
sich friedlichen Gedanken hinzugeben.
Erwecke in den Ländern, die sich wappnen,
und in den Ländern, die im Kampfe stehn,
Menschen mit Einfallsreichtum,
die den langen und mühsam weiten Weg zum Frieden gehn.
Am schlimmsten trifft es die Wehrlosen,
wenn irgendwo ein Krieg beginnt.
Nimm Du sie unter Deine Fittiche.
Wer sonst kann sie bewahren und beschützen!
Berufe immer wieder Kluge,
die auch noch Mut besitzen, um zum Frieden aufzurufen.
Sie stehen häufig zwischen allen Fronten.
Gib ihnen Rückgrat und Entschlossenheit
und lass den Frieden Wahrheit werden,
den alle Menschen sich erträumen.
Häufig beginnt ein Krieg aus simplen Gründen:
Es geht um Geld, um Macht, um Vorteil und Gewinn.
Öffne den Mächtigen die Augen und die Herzen,
dass sie erkennen, wie erbärmlich wertlos diese Dinge sind,
und schenke ihnen einen kleinen Blick
auf Dein kommendes Reich des Friedens,
damit sie staunen und zur Einsicht kommen.

Amen

Mit Kunst allein, o großer Gott,
lässt sich Dein Reich beschreiben.
Die Sprache, die Du den Propheten gibst
und Jesus unserm Bruder,
sie weist weit über alle Zeit,
und über die Vergänglichkeit,
in Dein Reich, Gott, in Deine Welt.
Diese Sprache schenkt uns Bilder,
formt sie neu in allen Tagen,
dass wir hörend sehen lernen.
Staunend merken wir, o Gott,
was das Einzelne bedeutet:
»Baum« wird uns ein großes Wort,
das aus einem Korn entsprießt
und nun Heimat wird für viele Tiere,
die verschiedenartig sind wie wir.
»Fluss« wird uns ein Übergang,
der die Seele reinigt
von den Feinden,
die beständig in uns toben.
Ein Wort nur, und seine Sprecher
wecken Hoffnung auf das Jenseits.

Amen

Labyrinth

Gott, der Du mir Mutter und Vater bist,
wenn ich mich wieder mal verirre,
dann zeige mir den Weg durchs Labyrinth.
Bring Gleichmaß
und auch Stetigkeit
in meine Schritte,
und hilf mir, wieder zu verstehen,
dass Du schon immer meine Mitte bist.
Ich bin mal ferner
und mal näher bei Dir.
So fühlt mein Lebensweg sich an.
Doch Du bist bei mir,
Tag und Nacht,
Schritt für Schritt.
Auch wenn ich Dich nicht spüre, Gott,
das Labyrinth zeigt mir die Ordnung,
die immer schon zu Deiner Welt gehört.

Amen

Danke, Jesus, für Dein Lachen!
Wenn Du kleine Kinder segnest,
juchzen Sie voll Glück.
Auch das kleine Kind in mir
wird ganz wach und freut sich mit.
Danke, Jesus, für den Spaß!
Manche deiner Worte bringen mich zum Schmunzeln.
Wie das Bild vom Nadelöhr,
vor dem vollgepackte Karawanen stehen
und sich fragen: Passen wir da durch?
Oder das Wort an die Priester
die im Tempel von den Kindern,
die dort freudig Hosianna sangen,
um Dich tanzend zu begrüßen,
sich gestört und sehr verärgert fühlten:
»Freut euch mit! Wisst ihr es nicht?
Aus dem Munde kleiner Kinder
dringt das Lob an Gottes Ohr!«
Jesus, unser guter Lehrer,
danke, dass ich lachen darf.

Amen

Langeweile

Allmächtiger,
die Zeit, die Du geschaffen hast,
um unser Leben und die Welt zu ordnen,
sie wird sehr unterschiedlich aufgenommen und empfunden.
Nimm Du uns alle Angst vor leerer Zeit,
damit wir nicht versuchen, alle Stunden selbst zu füllen.
Lass uns vielmehr den Reichtum ruhiger Stunden spüren.
Sie haben Kraft in sich.
Die können wir gewinnen.
Wie schön ist es, den Atem wahrzunehmen,
das Zwitschern kleiner Vögel
und die Wanderung der Wolken.
Wir merken mehr von Dir und Deiner guten Schöpfung,
wenn wir nicht eilig sinnlosen Beschäftigungen nachgehn.
Die Kinder brauchen Langeweile,
um eigene Ideen zu entdecken
und innerlich zu wachsen und zu blühen.
Die Alten brauchen Langeweile,
um sich bedächtig auf Vergangnes zu besinnen
und schrittweise die Sehnsucht nach der Ewigkeit zu lernen.
Die anderen, die mittendrin im Leben stehn,
sie müssen immer wieder Ruhe finden
und sich ordnen.
Lass Du uns unsern Ort entdecken,
in dieser Zeit, die uns umgibt,
und segne alle unsre Tage.

Amen

Gott, Du Barmherziger,
Du siehst alles Leiden,
das Menschen hier auf Erden ertragen müssen.
Was ich noch nie verstanden habe:
Warum gibt es so viele Menschen,
die Leiden suchen, Tag für Tag?
Sie suchen es bei sich, das ist wohl wahr.
Doch andere werden hineingezogen
und finden keinen Ausweg,
sehn kein Licht.
Gott, unser Schöpfer,
hilf aus diesem Strudel.
Du willst doch, dass wir friedlich miteinander leben!
Befreie uns von allem,
was uns trennt,
uns hinunterzieht
und uns entfremdet voneinander.
Die Schöpferkraft, sie wohnt in Worten,
genauso wie die Segenskraft.
Lege uns Worte in den Mund,
die Neues schaffen,
und schenke uns den Segen
Deines Evangeliums,
der guten Botschaft für die Welt.
Lass uns nicht fallen, Gott!
Komm, hilf und rette uns.

Amen

Licht 1

Herr Jesus, danke für Dein Licht!
Du hast die Dunkelheit des Todes
mit allen Ängsten, allen Schrecken,
aller Ohnmacht erlebt, erlitten, überwunden!
Zeig uns dies Licht, wenn wir verloren gehen,
wenn alles grau wird, leblos, müde.
Zeig uns dies Licht, wenn uns die Ängste schütteln,
wenn alles Schöne, Friedliche unwirklich wird.
Zeig uns Dein Licht, wenn uns die Trauer überwältigt,
wenn die Vergänglichkeit uns zur Verzweiflung führt.
Zeig uns die Hände, deren Wunden leuchten
und uns hinüberweisen in das Gottesreich.
Sprich zu uns Deine hellen, klaren Worte,
die uns die Augen öffnen für Dein Licht,
für Deine Liebe und für die Geborgenheit,
die uns in Deiner Nähe Tag und Nacht umfängt.

Amen

»Es werde Licht.« Das war Dein erstes Wort
bei der Erschaffung dieser Welt und ihrer Wunder.
Dein Werk, Gott, damit hat es angefangen.
Ob man es nun den Urknall nennt
und von Milliarden Galaxien redet,
Dein Licht bleibt unbegreiflich, großer Gott.
Geschaffen hast Du damit zugleich Unterscheidungen.
Es gibt nun Hell und Dunkel, Tag und Nacht,
und wenn das Dunkel übermächtig wird,
dann ist da doch die Hoffnung, ja Gewissheit,
dass Du ihm nicht die Erde überlässt.
Dein erster Tag, der Tag des Lichts,
ist unser Sonnentag geworden,
der Tag der Auferstehung Jesu,
das Osterfest, an das wir jede Woche neu erinnert werden.
Wir blicken in den Kirchen gegen Osten,
dem Sonnenaufgang und dem neuen Tag entgegen.
In Deinem Reiche werden wir Dich selbst im Lichte schauen.
Bis dahin lass uns Deinen Schein erkennen,
wo unsre Augen ganz und gar versagen.
Du kannst ein innres Licht entzünden,
das kraftvoll unsre Seelen wärmt und tröstet.
Schenk uns dies Licht und führe uns
zur Sonne Deiner Wahrheit und Gerechtigkeit.

Amen

Liebe

Huldvoller Gott!
Die Liebe, die Du schenkst, hält diese Welt zusammen.
Wir danken Dir für diese unendliche Kraft.
Du schufst die Welt, um »Du« zu sagen.
Du sorgst für sie, erhältst und pflegst sie.
Uns Menschen lehrst Du, selber Liebe zu empfinden,
Liebe von vieler Art und Ausdrucksform.
Hilf uns, sie gut zu ordnen, wie Du sie gedacht.
An erster Stelle steht die Sorge für den Nächsten
und zugleich auch fürs eigne Wohlergehn.
Beide gehören stets ins Gleichgewicht gebracht.
Und mit an erster Stelle stehst Du selber.
Im andern Menschen und im eigenen Ich
das Himmlisch-Göttliche zu finden,
das können wir nur, wenn zur Liebe auch der Glaube kommt.
Dann folgen all die Gaben Deiner Schöpfung,
wir lieben sie und freuen uns voll Dankbarkeit.
Doch hilf uns, ihren Wert nicht zu hoch einzuschätzen.
Gerade Dinge, die von Menschenhand gemacht sind,
die schlagen viele in den Bann.
Ihnen mag Achtung und Respekt gebühren,
doch echte Liebe steht ihnen nicht zu.
Lass uns in Deiner liebevoll geschaffnen Welt
als Liebende mit Kopf und Herz und Hand bestehen
und dazu helfen, dass sie spürbar wird
und sich von Mensch zu Mensch verbreitet.

Amen

Wenn wir Dich loben, wunderbarer Gott,
dann einen wir unseren Atem
und bringen rings um uns die Luft zum Schwingen.
Die unsichtbare Luft, die uns umgibt,
sie ist eins Deiner wichtigsten Geschenke.
Da war ein Erdenkloß, von Dir geformt,
Du bliest ihm Deinen Atem ein,
und er belebte sich nicht nur,
Dein Atem schenkte ihm sogar die Seele.
Erweckt wird sie heut durch die Worte und Klänge,
die in unsre Ohren dringen.
Die Luft, die wir in uns bewegen,
verbindet uns mit Dir und der gesamten Welt.
Ein jeder Atemzug beschreibt, wie wir uns fühlen
und wie sehr wir auf Dich gerade angewiesen sind.
Ein Schreck, der Atem stockt,
ein Lachen, das uns wohlig schüttelt,
ein Schnaufen oder Ächzen, wenn die Last uns drückt,
so gehen wir durch unser Leben,
und mit Gesang loben wir Dich.

Amen

Meer

Ich schaue auf das Meer
und spüre Deine Stärke, Gott.
Aus diesem ungeformten,
aber stets bewegten Stoff
hast Du mit Deinem Atem
und dem Schöpfungswort
die Welt geschaffen,
die uns trägt.
Die Wellen und Gezeiten, die ich sehe,
sie stehen für Vergänglichkeit und Ewigkeit.
Vergänglich ist das Leben unter diesen Wellen.
Ewig, Gott, ist die Schöpfungskraft.
Ich steh am Ufer, meine Kräfte wachsen.
Ich atme tief.
Du bist mir nah.

Amen

Gott, Du schaffst Brücken, die uns zueinander führen.
Wir bleiben nicht allein auf unsern Inseln.
Hab Dank für jedes Mitgefühl, mit dem Du uns begabst.
Wir spüren an uns selber, wie's dem andern geht.
Wir teilen seine Freude und sein Leid.
Wir lachen, trauern, jubeln und verzweifeln
zusammen mit dem Zeitgenossen,
auch wenn er ferne von uns wohnt.
Ja, Deine Brücken reichen weit,
Sie überwinden Altersstufen, überquern das Meer.
Sie bringen uns zu Taten, die viel andern Menschen helfen,
auch wenn wir diese nie von Angesicht erblickten.
Lass diese Brücken nicht zum Einsturz kommen,
leite uns vielmehr an, neue zu bauen,
damit die Menschheit fröhlich zueinander findet
und Frieden sich auf dieser Welt verbreitet.

Amen

Mitleid

Danke, Herr Jesus, für Dein Mitleid.
Wer hat auf Erden so viel Leid getragen,
nur um es andern Menschen abzunehmen?
Du bist das, Sohn des großen Gottes,
Du hast den schweren Weg gewählt
und ihn so vielen Lernenden gezeigt.
Befreie uns von Eitelkeit
und von dem Wunsch,
uns kraftvoll durchzusetzen.
Lass uns die anderen erkennen,
die so oft übersehen werden.
Wer uns die Hand entgegenstreckt,
um Münzen von uns zu erbetteln,
den lass uns mitleidig betrachten,
er ist Dir näher als der Reiche, Wichtige.
Du bist so tief gefallen und gescheitert
in dieser Welt und ihren Glücksversprechen.
Du hast die Tür zur neuen Welt geöffnet,
durch die ein Bettler Eingang findet.

Amen

Dein stiller Wandelmond,
der Deinen Erdplanet umkreist,
spricht alte Worte übers Licht, o Gott!
In jeder Woche sehen wir es neu,
das Licht, das Deines widerspiegelt:
Mal hoffnungsvoll zunehmend,
mal tief befriedigt, rund und voll,
mal schwach und schüchtern abnehmend,
mal leer als Ruf und Bitte an Deine Barmherzigkeit.
Nicht jede Nacht,
nicht jede Woche
sehen wir diesen Wandelmond.
Erinnere Du uns auch
in andern Zeiten
an Deine Ordnung, die uns lehrt,
Dir, unserm Schöpfer und Erhalter
in allen Zeiten zu vertrauen.

Amen

Müdigkeit

Gott, sieben Tage hat die Woche.
Der siebte ist der Tag der Ruhe.
Müde zu sein, erlaubst Du uns
und sagst uns klar, was gut tut,
wenn die Arbeit ruht: Das große Lob für Dich.
Es gibt freilich auch eine Müdigkeit,
die unsre Arme jeden Tag so schwer macht,
genauso wie die Beine und den Kopf.
Wir schleppen uns durch dieses Leben,
das so sinnlos erscheint und ziellos.
Aus dieser Müdigkeit erwecke uns!
Zeig uns den Sinn, den unser Leben hat:
Wir sind geliebte Kinder,
einmalig und von Dir geschaffen.
Wenn uns die Welt so grau wird
wie ein Nebel im Spätherbst,
wenn alle Bilder in uns blass werden
und alle Worte stumm und leer,
bleibt Deine Liebe doch bestehen.
Du hältst zu uns, auch in den müden Tagen,
in Traurigkeit, Hilflosigkeit und Einsamkeit.
Dein Trost ist, dass Du da bist, Gott,
in dieser Welt mit ihren Dunkelheiten
und in der neuen Welt des Lichts.

Amen

Du großer Gott,
was für Musik mag wohl in Deinem Reich erklingen?
Jede Epoche stellte sich das anders vor
und hat versucht, schon heute mitzusingen
im großen, feierlichen Engelschor.
Posaunen, Zimbeln, Harfen, Pauken, Pfeifen
klingen uns aus dem Psalter froh entgegen.
In Wahrheit geht es über das Begreifen,
nicht nur Dein Wort, auch die Musik ist voller Segen.
Sie ist die Sprache der Gefühle,
die wir empfinden und mit andern teilen,
Sie kommt zu einem guten Ziele,
wenn sie uns öffnet, wir nicht stumm verweilen,
sondern mit Engeln singen oder spielen,
mit Wind und Wasser, Wald und Feld.
Lass uns Dir dienen mit all unseren Gefühlen,
bis Dein Reich kommt, die klangvoll neue Welt.

Amen

Mut

Zu Deinem Wort zu stehen, Gott,
braucht Mut.
Es scheint so oft verfehlt in unsrer Zeit.
Wo Furcht die Oberhand gewinnt,
und alle nur nach Sicherheit und Abwehr suchen.
Wer wagt es da
von Liebe und Geschwisterlichkeit
gegenüber allen Menschen
zu sprechen, wie Du es uns gelehrt hast?
Genauso ist es mit dem Geld,
der größten Macht auf Erden.
Wer wagt es, Armut hoch zu schätzen,
wie es einst Jesus tat
als obdachloser Wanderer,
geborgen nur in Deinem Wort
und in der Gastfreundschaft der andern?
Gott, Du Barmherziger und Wunderbarer,
stärke den Mut, der uns mit Dir verbindet,
dass wir nicht in Gefangenschaft geraten
in dieser Welt mit ihren Mustern und Schlussfolgerungen.
Du weißt den rechten Weg für uns.
Gib uns den Mut, ihn zu beschreiten.

Amen

Manchmal wünsch ich mir Deine Nähe, Gott,
oder diejenige von lieben Menschen.
Belehre mich, ich bitte Dich.
wo Nähe anfängt, eng zu werden
und Abstand nötig wird.
Du selber hältst es unterschiedlich,
lässt manche Menschen Tag und Nacht
ein Ordensleben führen
und andere kaum einen Sonntag für Dich übrig haben.
Dein Herz ist weit. Was nennst du Nähe?
Wie kann vor Dir ein Mensch auf rechte Weise leben?
Vielleicht ist Nähe gut,
wenn Deine Welt nicht aus dem Blick gerät.
Vielleicht ist Abstand gut,
so lang er nicht Verirrung wird.
Zeige mir immer wieder
das rechte Maß der Nähe zu Dir
und zu den Menschen, die ich liebe.

Amen

Namen

Heiliger Gott, Du sagtest mir bei meiner Taufe
Worte aus Jesaja zu: »Fürchte dich nicht,
ich habe dich erlöst;
ich habe dich bei deinem Namen gerufen; du bist mein!«
Dem Mose hast Du Deinen eigenen Namen verraten,
damals am Dornbusch, als Du Dich ihm offenbartest.
Er hat uns allen voller Freude gesagt,
was du ihm anvertrautest. Du sprachst:
»Mein Name lautet Ich-Bin-Da.«
Das ist ein Name, der uns kräftigt, der uns tröstet
in Zeiten der Gefangenschaft, wie damals
und in der keineswegs gesunden Welt von heute.
Danke, dass Du da bist.
Danke auch, dass wir noch mehr geschenkt bekamen.
So lehrte Jesus uns, zu Dir »Vater« zu sagen,
oder sogar »Papa«, wie kleine Kinder es gern tun.
Danke für diese Namen und für manche Bilder,
die in der Bibel aufzufinden sind
und Licht in unsre Herzen bringen.
Du kommst uns nahe, wenn wir zu Dir beten
und dich bei Deinen Namen rufen:
»Du-Bist-Da« – »Vater«.

Amen

Ewiger Gott,
hab Dank für diese durchsichtige Zeit,
die uns im späten Herbst begegnet.
Der weit gespannte Nebel ist ein Vorhang,
der unser Herz die Ewigkeit erkennen lässt.
Die Welt wird fühlbar wie ein Windhauch,
sie lässt uns frösteln und die Sonne suchen,
das Licht, das aus Dir strömt
und uns mit Liebe und Geborgenheit
umgeben möchte.
Die leeren Zweige, die so klar und scharf
in Deinen Himmel ragen
füllen sich sehnsuchtsvoll mit Vögeln,
Blättern, Früchten und Geschichten.
Da fällt es leicht, an Dich zu denken,
nicht nur am Friedhof, diesem stillen Ort,
an dem Du den Besuchern Trost schenkst.
Du bist der Herr der leichten Wolken,
die uns in diesem Monat nahe sind,
vor allem früh am Morgen,
wenn das Traumland bleiben will,
das uns im Schlaf so wirklich schien.

Amen

Ohnmacht

Herr Jesus, Du hast uns gelehrt,
menschliche Ohnmacht wird am Ende siegen.
Die Mächtigen, die diese Welt gewaltsam an sich raffen,
sie werden bitter unterliegen.
Denn ihre Güter werden keinen Vorteil bringen,
sie werden allezeit vergänglich bleiben.
Was wir ins Gottesreich hinübernehmen,
sind Taten oder Eigenschaften,
die Gott für wertvoll hält und sie darum
zum Unvergänglichen und bleibend Schönen fügt.
Das ist ein großer und hilfreicher Trost,
doch lehre uns auch, Ohnmacht zu ertragen.
Gib uns Anteil an der Geduld, Herr Jesus,
an der Gelassenheit und Demut,
die Du auf Erden zeigtest, nicht nur in den Leidenstagen.
Und schenk uns trotz der Ohnmacht gute Worte,
wie Du sie am Karfreitag zu Pilatus sprachst.
Auch wenn wir uns leiblich nicht wehren können,
hilft doch ein wahres Wort zur rechten Zeit.
Die schwachen Jahre gehen weiter,
und immer wieder scheint das Böse zu gewinnen.
Das Osterwort stimmt uns hingegen heiter
und lässt uns zuversichtlich immer neu beginnen.

Amen

Liebender Gott, viel hundert Jahre
brauchtest Du, um die Menschen zu belehren,
dass für Dich keine Opfergaben nötig sind.
Ein Engel kam zum treuen Abraham
und hinderte ihn, seinen Sohn zu opfern,
wie es damals die meisten Menschen taten,
um ihre Götter für sich einzunehmen.
Viel später, als es längst den Tempel gab,
da ließest Du Propheten sprechen:
Wollt ihr mir Gutes tun,
so kümmert euch um Witwen oder Waisen.
Das Blut der Opfertiere macht mir keine Freude.
Das letzte und zugleich das größte Opfer,
Du brachtest es am Ende selber.
Voll Not und Schmerzen littest Du mit Deinem Sohn
und trugst die Schuld der Menschen selber mit am Kreuz.
Kein Lob und Dank wird dieser Tat jemals genügen.
Die Opfer, die wir heute bringen dürfen,
sie tragen diesen Namen nicht zu Recht.
In Wahrheit machen sie uns reicher.
Wenn wir Dir Zeit widmen und zu Dir beten,
wenn wir Dir Kraft spenden und vielleicht Geld,
um anderen Unglücklichen zu helfen,
und wenn wir Dir und unsern Nächsten Liebe spenden,
dann wird das eigne Leben reich und fruchtbar.
Lass uns noch viele solcher Opfer bringen.

Amen

Ordnung

Du bringst die Welt in Ordnung, Gott,
wie Du es immer schon getan hast.
Du lehrst uns, jeden Wochentag zu achten,
als Dein Geschenk, das freudig ausgepackt
und dankbar angenommen wird.
Am ersten Tag der Woche ordnet sich die Zeit.
Jesus ist auferstanden
in das neu geschaffne Licht.
Am letzten Wochentag schließt sich der Kreis
und wir vertrauen Dir, dem Schöpfer alles an,
was wir in dieser Woche angefangen haben.
Du wirst vollenden, was begonnen ist.
Vertrauen zu Dir schenkt uns Dankbarkeit und Ruhe.
So ist es auch mit Deinen Jahreszeiten,
die immer rascher uns umtanzen,
um uns am Ende durch die Himmelstür
in Deinen großen Saal zu führen,
in dem die Farben und das Schöne Heimat haben.
Auch in uns selber bringe Ordnung, Gütiger,
damit wir klar und ehrlich leben können.
Zeig uns die Grenzen auf, die uns beschränken,
und alle Liebe, die uns frei macht, Dir zu folgen.
Wo Menschen uns verwirren
mit ihren Worten, ihren Taten, ihren Forderungen,
da stelle Du das gute Einvernehmen her,
das alle Deine Kinder hier auf Erden
geschwisterlich versöhnt
und als Gerechte leben lässt.

Amen

Dein Garten Eden, schöpferischer Gott,
ist wie ein Traum, zugleich eine Verheißung.
In diesem Friedensreich ging es Adam und Eva gut,
unschuldig wie die Kinder lebten sie
und aßen Früchte und Gemüse, wahre irdische Geschenke.
Wenn dieser Garten wiederaufersteht,
zusammen mit der neuen Stadt, dem ewigen Jerusalem,
dann findet sich in Deinem Reich Gelegenheit zum Ackerbau,
so sagt uns der Prophet Jesaja.
Wir können, wenn wir mögen, unsern Weinberg hegen
und plaudernd unter Bäumen sitzen,
die Schatten spenden und Gesundung schenken.
Die Kinder können ungefährdet spielen,
und rundherum wächst alles und gedeiht.
Halte den Traum und die Verheißung bei uns stets lebendig,
damit wir nicht in unsre eigene Irre gehen,
in selbstgeschaffnen Technikwelten,
die uns ein falsches Glück versprechen.
Hilf uns vielmehr wie Pflanzen unsre Wurzeln zu bewahren
und uns zugleich zum Himmel auszustrecken
und lass uns Früchte bringen, für uns selber
und für die vielen andern Menschen.

Amen

Politik

Dein Wohnsitz, Gott, ist weiterhin der Thron,
der über der Gesetzestruhe steht,
in der die Ordnung wohnt, die Du uns schenkst.
Im Himmel ist Dein Ort, jenseits der Welt
und doch durchs Wort mit ihr verbunden.
Wo sich die Ohren öffnen für Dein Wort
und Deine Weisheit in die Herzen dringt,
wo Politik nicht mehr zuerst
nach Macht und Geld und Einfluss fragt,
sondern nach Deinen ordnenden Geboten,
berühren sich Vergänglichkeit und Ewigkeit.

Amen

Gott, manchmal müssen wir uns selbst verlieren,
die Macht abgeben über alle Taten, alle Worte,
um aufzugehen in dem Wunderbaren,
dem wir sonst nur betrachtend gegenüberstehn.
Es kann geschehn, dass wir in schöner Arbeit aufgehn,
dass wir im Hören auf Musik die Zeit vergessen,
dass wir uns vollständig, mit Haut und Haar verlieben
oder in einem schönen Anblick ganz und gar versinken.
Das sind Geschenke, Gott, die uns bereichern.
Sie sind großartig, und wir danken Dir.
Hilf uns, dass wir uns selbst rechtzeitig wiederfinden
und dass die Gaben uns nicht fressen und auch nichts zerstörn.
Manchmal erleben Menschen sogar einen Gottesrausch.
Hilf ihnen, sich dabei nicht zu verletzen
und mit den Sohlen wieder auf die gute Erde zu gelangen.
Noch etwas wollen wir Dich bitten:
Manch einer möchte Zeiten der Verzückung selber schaffen.
Verhindere den Missbrauch von Arzneien,
von Alkohol und Drogen oder Aufputschmitteln,
auch von Veranstaltungen, die auf die Stimmung setzen,
um Menschen zu verzaubern oder zu verführen.
Gott, das Besondere ist herrlich. Dafür danken wir
und bitten: Lass es umringt sein von der Ordnung
eines rechtschaffnen Alltags.

Amen

Reinheit

Gott, wie wird meine Seele rein?
Betrete ich sie, ist sie wie ein Keller,
voller verstaubter und unnützer Dinge.
Ich will hier Ordnung schaffen,
und ich kann es nicht.
Ich räume Manches hin und her,
doch Alles bleibt beim Alten.
Kannst Du sie frei sprechen, die Seele,
dass sie hinausfliegt aus der Dunkelheit
ins helle Licht der reinen Sonne?
Kann ich ein neues Leben finden,
das mich nicht mehr fesselt,
sondern befreit zu Dir?
Kannst Du den dunklen Keller säubern
von allem Abfall, allem Schmutz?
Ich sehne mich nach Klarheit,
nach Reinheit und nach Freiheit,
die Du schenkst.

Amen

Wir sind Dein Wandervolk,
Du Gott vom Sinai.
Du führst uns durch die Zeit
und durch die Wüste.
Danke, dass Du uns jede Woche
in eines Deiner Häuser lädst.
Verirrt, verändert, ungewiss sind wir,
doch Du bist treu!
Dein Gutes Wort gibt neue Kraft.
Wir danken Dir,
Wegweiser, Feuersäule,
dass Du uns Schwache leitest
und mit Licht versorgst.

Amen

Reise 2

Jede Reise, die wir unternehmen, Gott,
kann ein Zeichen sein für unsern Weg zu Dir.
Fremde Städte, fremde Sprachen:
Du zeigst uns, wie reich die Welt ist
und auf wieviel Arten Du zu finden bist.
Vieles bleibt uns rätselhaft,
wir sind unvollkommen.
Du aber gehst mit uns.
Wenn wir dann wiederkehren,
hat unsre Heimat sich verändert.
Der feste Platz auf Erden
ist nicht unsre Wohnung
oder unsre Stadt.
Es ist die Zugehörigkeit zur Dir,
der Du uns leitest
unser Leben lang.

Amen

Hilfreicher Gott,
wie oft schon kamst Du, um zu retten,
Dein ganzes Volk oder auch manchen einzelnen.
Die Bibel ist voll rettender Geschichten,
sei es aus Krankheit, sei es aus Gefangenschaft,
sei es in Armut oder in Bedrohung,
sei es im Kriege oder im Gericht.
Gut, dass Du da bist.
Das nimmt uns die Ängste
und gibt uns für die Zukunft Zuversicht.
Am Ende hoffen wir auf Deine große Rettung,
die Du an Ostern schon vorweggenommen hast.
Das Grab hat Jesus Christus nicht behalten,
Du hast ihn schon in Deine neue Welt geholt,
verwandelt, auferstanden und lebendig
nach einem grausamen Gericht und raschem Tod.
Weil wir nun hoffend auf das gute Ende warten,
gib uns die Kraft zu jedem kleinen Rettungswerk,
das Menschen hier auf Erden nötig haben,
manchmal als Erste Hilfe,
manchmal auch mit Zeit, manchmal mit Geld.
Wir werden niemals Deine Welt erlösen,
das tust Du selber, und wir danken Dir.
Einstweilen lass uns anpacken, was wir vermögen.
Ein guter Handgriff ist schon viel.

Amen

Rhythmus

Das Herz, das ein Leben lang in mir schlägt,
stimmt ein in das Lob Deiner Engel, Gott.
Meine Lunge atmet aus und ein,
sie lobt Deine Schöpfung und den Geist,
der in den Dingen und den Wesen wohnt.
Ich trommle, Gott, zu Deinem Lob.
Ich singe und ich spiele
mit den Vögeln und dem Wind,
mit den Bäumen und dem Meer.
Überall ist Rhythmus,
und ich stimme ein.

Amen

Gott, alle Zeit, die Du uns schenkst, sie atmet.
Da gibt es Arbeitszeit und Zeit der Ruhe.
Das gilt für jeden Tag aus Deiner Hand,
vor allem aber für die Woche.
Der Sabbat ist ein großartiger Tag.
Du selbst hast damit Deine Schöpfungswoche abgeschlossen.
Zufrieden schautest Du auf Deine Werke.
Wenn wir zu jeder Nacht und dann am siebten Tage ruhen,
dann dürfen wirs in Deinem Sinne gut sein lassen.
Es muss nicht jedes Ding aus unsrer Hand
vollkommen werden. Vollendung schaffst alleine Du.
Wir legen unser Werk vertrauensvoll in Deine Hände
und gehen ruhig ins Bett und in den siebten Tag.
Die Zeit der Ruhe dient uns auch zur Einkehr,
sie hilft uns zur Betrachtung und Zufriedenheit.
Wir träumen nachts oder am siebten Tag gemeinsam
und nähern uns damit der geistgen Welt.
Hilf uns, die Ruhezeiten wertzuschätzen
und sie nicht achtlos zu missbrauchen.
Viel reger Zeitvertreib ist anstrengend auf seine Weise,
und Einkehr stellt sich dabei selten ein.
So kommen wir rasch außer Atem
und aus dem Lebensrhythmus, den Du schufst.
Ja, leite uns täglich zur Ruhe
und gib uns eine sanfte Nacht.
Lass uns am siebten Tag aufatmen,
denn dafür hast Du ihn gemacht.

Amen

Schalom

Gott aller Völker dieser Welt
schenk uns dein Friedenswort,
das nicht nur unsern Mund bewegt,
sondern das Herz für andere öffnet.
Beende die Zerrissenheit,
die Kriege und den Hass.
Beginne mit Jerusalem,
der Heimat des Schalom.
Dorthin sollen sich alle Blicke richten
und voll Entzücken sehen,
was dieses Wort bedeutet.
Die Waffen werden weggeworfen,
die Feinde reichen sich die Hand
und sprechen »Friede sei mit dir«.
Die Türen stehen allen offen,
das Festmahl ist in jedem Haus bereit,
die liebevolle Gastfreundschaft
wird zur Gewohnheit
und Kinder aller Hautfarben
spielen zusammen wie Geschwister.
Armut und Einsamkeit verschwinden,
die Furcht hat keinen Ort und keinen Raum mehr
in Deiner auserwählten Stadt.
So soll Dein Gottesreich beginnen
und sich verbreiten in die Welt.

Amen

Gott, wenn die Schatten länger werden,
dann schenk uns Mut,
in kurzem Licht und langer Dunkelheit zu leben.
Im Schatten lässt sich viel erfahren,
das uns bereichert und erfreut.
Im Schatten gibt es nicht nur Angst,
sondern auch große, tiefe Hoffnung,
nicht nur die Einsamkeit,
sondern auch die Begegnung
mit Dir, der gerne zu uns spricht,
wenn alles andre schweigt.
Du flüsterst, raunst und wehst durch stille Stunden,
in denen wir ganz rein und offen sind für Dich.
Du kommst zu uns im Schatten, Gott,
wenn Farben ganz verblasst oder verschwunden sind
und Deine Worte groß und bunt und mächtig werden.

Amen

Schlaf 1

Herr Jesus, hilf mir, Schlaf zu finden.
Nimm von mir diese Unruhe,
die mich den ganzen Tag begleitet hat.
Ich staune immer über Dich:
Du konntest schlafen mitten in dem Sturm,
der Deine Jünger auf dem Boot in Angst versetzte.
Du schliefst, wie es nur Kinder können,
die sich behütet und geborgen wissen.
Den Kinderfrieden, Jesus, schenke mir,
damit ich ruhig meine Augen schließe
und alles Furchterregende Gott überlasse,
dazu die Sorgen und die Zukunftsängste.
Ja, lehre mich vertrauensvoll zu leben,
wie Du, der auf der Wanderschaft
an jedem Ort zu Hause war,
weil Gott die Welt geschaffen hat
als Ort des Einklangs und des Friedens.

Amen

Gott, lass es mir heut Nacht so wohl sein,
so voll mit gutem Schlaf,
wie ihn nur Kinder finden,
die Kleinen, die so gerne spielen.
Lass mich den Daumen neu erahnen,
den ich damals im Munde hatte.
Lass mich die kleine Spieluhr hören,
in mir drinnen,
die sich durch eine zarte Schnur
aufziehen ließ.
Das Psalmgebet mit Mutterstimme
sanft am Bett gesprochen,
der rauhe Schlafbär,
dessen Augen fest geschlossen waren,
all dieses lass mich heute wieder spüren,
der Du mein Vater bist in Ewigkeit.

Amen

Schmerz

Was mache ich, Gott, wenn mein Schmerz nicht endet,
wenn er mich quält bei Tag und Nacht?
Ich bin nicht Du, der das in tausendfacher Weise kennt,
wenn Krieg ist oder eine schlimme Seuche,
wenn Menschen auf der Flucht sind
oder Außenseiter, verspottet und misshandelt.
Du trägst das mit, Du fühlst den Schmerz,
als wäre es Dein eigener.
Das ist ein Trost, ein Anlass zum Gebet,
und doch hört meine Qual nicht auf.
Hat dieser Schmerz denn einen Sinn?
Dann lass ihn mich erkennen, Gott.
Ertragen und Erdulden,
das ist schwer, sehr schwer.

Amen

Gott, was in Deinem Buche schön ist,
das ist Beweglichkeit und pralles Leben.
Wir danken Dir, dass Du nicht Formen ehrst,
sondern die reine Freude und das Glück.
Wer es empfindet, der wird schön vor Dir.
Lehre uns das in unserm Leben, Gott,
dass nicht die Bilder und Skulpturen
von ebenmäßigen und glatten Menschen
den Blick gefangen nehmen
und uns in die Irre führen.
Schenke uns Deinen Blick,
der offen ist für Fröhlichkeiten und Entzücken,
die uns nur allzu oft verborgen bleiben.

Amen

Schöpferkraft

Erfinderischer Gott,
zuweilen schenkst Du uns besondre Gnade
und lässt einzelne Menschen Anteil haben
an Deiner wunderbaren Schöpferkraft.
Da dürfen Kunstwerke entstehen, die uns staunen lassen,
aber auch Bauten, Gärten, Handwerksleistungen,
Werke der Kochkunst, der Musik und vieles andre mehr.
Über die Schönheit der Natur glücklich zu werden,
ist das eine,
dass Menschen immer wieder fähig sind,
Glück zu verbreiten und der Schönheit Form zu geben,
ist das andere.
Wie gut, dass Du Dir Hilfen suchst,
um Dein Werk fortzuführen.
Die Welt wird reicher, fröhlicher und besser.
Sie bildet Deine Zeit der Fülle ab,
die Du als Ziel gesetzt hast und die wir erhoffen.
Wir bitten Dich nur, die Gefahr stets abzuwenden,
dass menschliche Geschöpfe sich verschätzen.
Manche verlieren sich in ihren eignen Werken
und halten sie bereits für unbesiegbar und vollkommen.
Andere übersehen Deine Werke
und halten menschliche Produkte für das höchste Lebensziel.
Die Dankbarkeit, die Ehrfurcht, das gebührt nur Dir allein,
Respekt und Beifall den Begabten, die Du selbst beriefst.
Wenn wir mit unserer schwachen Kraft dazugehören,
lehre uns Demut und Bescheidenheit.
Erinnere uns auch ans ewge Ziel.

Amen

Gott, Du vergibst uns alle Schuld,
die wir Dir offen und bewusst bekennen.
Auch andern Menschen müssen wir gestehen,
was wir an Argem taten oder unterließen.
Das wird in unsern Zeiten immer schwerer,
weil wir vergessen, was Christus für uns getragen hat.
Hilf uns, einander zu vergeben
und andere, vor allem Dich,
um Frieden und Begnadigung zu bitten.
Die Schuld auf dieser Welt ist überall zu finden,
nicht nur aufs »Gute« und das »Böse« klar verteilt
wie Nacht und Tag und Schwarz und Weiß.
Wer bei sich keine Schuld entdeckt,
dem öffne Du die Augen.
Schenk Trost dem, auf den alle Finger zeigen,
und lehre uns, mit Deinem Sohn zu leben,
als Schwache, Arme, Kranke und Geliebte.

Amen

Schutz 1

Wie eine Vogelmutter ihre Jungen
unter ihre Flügel sammelt,
so bietest Du uns Schutz,
Du Inbegriff der Liebe.
Wir brauchen ihn und danken Dir,
denn für die Welt sind wir zu schwach,
zu klein, zu sehr noch Küken.
Du musst uns füttern, uns beschützen,
Jahr für Jahr.
Wir flattern wohl gelegentlich davon,
als wären wir ganz selbstständig und reif.
Du siehst das liebevoll und heiter an
und breitest doch, unaufgefordert,
die weiten Flügel wieder für uns aus.
Auf dieser Welt spielen wir viele Spiele,
und eines heißt Erwachsensein.
Doch wir sind immer Deine Kinder
und bleiben es vom Anfang bis zum Schluss.

Amen

Schutz 2

121 | 122

Du Gott, der wie ein Adler auf die Erde blickt,
nimmst wahr, wo Menschen Deine starken Flügel brauchen.
Sie rufen Dich, um sich in Deinem Schutz zu sammeln
wie Küken, deren Nest sich gierig Räuber nähern.
Es gibt weltweit so viel Feindseliges,
dass wir beständig Deine Hilfe brauchen,
in Krankheitstagen oder Arbeitslosigkeit,
in Sorgen um Familienangehörige und Freunde,
in Lagen der Bedrängnis oder Überforderung.
Vor allem für die Kinder, unsre eignen Küken,
erbitten wir Deine hilfreiche Hut.
Wir selber sind zu blind und viel zu schwach,
um allezeit für sie zu sorgen.
Danke für Deine Fittiche,
die nicht nur Schutz, sondern auch Freiheit schenken.
Wenn Du uns trägst und unser Blick sich weitet,
kann nach und nach die Welt zur Heimat werden.
Manche von uns bekommen von Dir sogar Kraft,
um andere zu leiten und zu bergen,
nicht nur die Kinder, auch noch andere Bedürftige.
Mit Dir zu leben tut uns gut.

Amen

Schweigen

Gott, warum schweigst Du?
Wo ist Deine Antwort?
Wo ist das Wort von Dir, auf das ich warte?
Erwartest Du Geduld von mir, dann sage es!
Gott, sorgst Du Dich nicht, dass ich Dich verliere?
Gib mir ein Zeichen, einen Hinweis nur.
Lebst Du so völlig außerhalb der Welt, der Zeit?
Komm, Gott, und sprich mit mir,
dem Traurigen, Einsamen.
Komm! Sprich!

Amen

Zu Deiner Welt, o Gott, gehört wohl beides,
Zufriedenheit und gleichzeitig ein Ziel.
Du hast die Erde gut geschaffen.
Wir dürfen es uns gut gehn lassen.
Zugleich sind viele Dinge nicht vollkommen,
weil diese Welt noch nicht am Ziel ist
und auch weil Menschen unvollkommne Wesen sind.
Die Sehnsucht nach dem neuen Land,
sie hilft uns weiter.
Wecke sie in uns oder halt sie wach.
Wir dürfen immer wieder bei Dir Ruhe finden
und Atem schöpfen auf der guten Erde.
Doch unterwegs zu sein, mit Leib und Seele,
gehört zu der Geschichte, deren Teil wir sind.
Geschwister Jesu sind wir seit der Taufe
und damit adoptierte Kinder Israels.
Durch Raum und Zeit uns zu bewegen auf das große Ziel hin,
das ist ein herrliches Geschenk von Dir,
ein Auftrag, zu dem es gehört, zu träumen
und auf Propheten zu vertrauen,
die schon weiter sehn als wir.

Amen

Sinn

Du reicher Gott,
hab Dank, dass Du dem Leben Sinn verleihst.
Der Sinn, den Du uns schenkst, liegt nicht in unserm Tun.
Er muss auch nicht stets neu gefunden werden.
Du sprichst uns seit der Taufe liebevoll als Kinder an.
Wir sind Teil Deiner weltweiten Familie.
Du fügst uns in die Welt- und Heilsgeschichte
und gibst uns einen Platz in dieser Zeit auf Erden.
Ob wir das schätzen, das ist nicht so wichtig.
Wir haben unsern Sinn von Dir bekommen
und dürfen nun zu unserer Zeit als Deine Kinder leben,
geliebt – und sicher immer unvollkommen.
Oft scheint die Frage nach dem Sinn unlösbar groß.
Uns stoßen unbegreifliche Ereignisse im Leben zu.
Auch Widersprüche treiben uns in Zweifel:
Wie habe ich dies harte Los verdient,
woher kommt Unglück oder Krankheit?
Mit solchen Fragen dürfen wir uns an Dich wenden.
Wir sind ja Deine Kinder, jede Stunde unsres Lebens.
Die Antwort mag zu schwierig sein für unsre Ohren,
zu fremd für unsre Herzen oder unsern Glauben.
Doch Du bist da. Wir halten an Dir fest.
Auf dieser Welt sind wir noch unterwegs zum großen Ziel.
Am Ende spätestens, da werden wir verstehen.
Der Lebenssinn ist heute schon gegeben:
Wir sind Deine geliebten Kinder.

Amen

Gott, Du hast diese Erde schön geschaffen.
Sie kreist, seit ihrem Anfang, um die Sonne,
die ihr das Licht des Lebens und der Jahreszeiten gibt.
Zusammen mit dem Mond, der um die Erde kreist,
spielt sie das Spiel der Tage und der Nächte,
der Monate und Jahre.
Lass uns den Sinn des Spieles stets hoch achten!
Er hilft zur Ordnung für uns Menschen und die Welt.
Missachten wir die Tage und die Nächte,
die Jahreszeiten und den Kreislauf der Natur,
missachten wir auch Dich und Deine Schöpfung.
»Es werde Licht«, das waren Deine ersten Worte,
noch ehe Du die Sonne schufst.
Bewahre uns das Licht der Einsicht und Vernunft,
das uns in Dein ewiges Reich führt,
in dem Du selbst das Licht bist,
die Sonne, unsre Mitte, unser Stern.

Amen

Spiel

Das Leben, lieber Gott, besteht nicht nur aus Arbeit.
Es gibt Zeiten der Ruhe und der Festlichkeit.
Freude am Spiel hat Raum in Deiner Welt.
Wie gut tut es, im Psalmenbuch zu lesen,
dass auch Du selbst, Du schöpferischer Gott,
mit großen Fischen in dem Meer zu spielen liebst.
Im Buch der Sprüche lesen wir,
dass Deine Weisheit wie ein Kind zu Deinen Füßen spielt
und auf der ganzen Erde Himmelslust verbreitet.
Gib Du uns Anteil an solch frohem Spiel,
bei dem es nur Gewinner gibt, keine Verlierer,
bei dem sich Jung und Alt zusammenfinden,
lachend und scherzend oder voll gesunder Spannung.
Für kleine Kinder ist das Leben noch ein Spiel,
in dem sie wohlbehütet alles üben.
Wo später dann vor Publikum
junge Erwachsene die Kräfte messen,
lass nicht in Ruhm und Ehre, Anerkennung oder Geld
das freundschaftliche Miteinander untergehen.
Ein schönes Spiel hat einen Sinn in sich,
und spielend loben wir auch Deinen Namen,
Du wunderbarer Gott,
vor dem die Engel singen, tanzen
und sich an Deiner Schöpfung freun.

Amen

Zu allem, was Du schufst, o Gott,
sprachst Du uns diesen Auftrag zu,
es gut zu hegen und zu pflegen.
Dazu gehört auch unser Körper.
Es soll ihm wohl ergehen.
In alten Zeiten sah das Leben anders aus.
Die meisten Menschen arbeiteten mit ihren Händen,
solang die Sonne schien, in Werkstätten,
auf Feldern und in Ställen, in Küchen und in Gärten.
Wich dann am Abend nach und nach das Licht,
kam Zeit zum Essen, zum Gespräch und zur Erholung.
Heute wird viel herumgesessen,
auf Schulbänken, vor Bildschirmen,
am Lenkrad und am Arbeitstisch.
Es tut uns gut, uns zu bewegen,
am besten draußen in der Luft.
Es kann auch Anreiz sein und Freude machen,
die Kräfte spielerisch zu messen.
Sport kann ein schöner Teil des Lebens sein,
ein Aufatmen im Unterricht der Schule
oder ein Ausgleich für die Arbeitszeit.
Wo er für Menschen zum Beruf wird,
kommt leider Vieles durcheinander.
Bewahre Du das Wichtige,
und hilf uns, niemals zu vergessen:
Die Fähigkeiten anderer müssen nicht unsre sein.
Wir können spielerisch beweglich bleiben
in Deiner Welt, die für uns da ist.

Amen

Sprache

Allmächtiger, als Du die Welt erschufst,
da wurde sie aus Deinem Wort geboren.
Du sprachst und riefst damit alles ins Sein,
das Helle und das Dunkle,
auch das Flüssige und Feste,
die Pflanzen, Tiere und die Menschen.
Uns Menschen schufst Du als Dein Ebenbild
und schenktest uns die schöpferischen Worte,
mit denen wir die Welt beschreiben
und zugleich vieles neu erfinden.
Die Sprache, Gott, ein jedes Wort,
ist ein gewaltiges Geschenk.
Da wird Begegnung Wirklichkeit.
Die Welt blüht auf, Beziehungen entstehen,
und auch Du selber kommst in Deinem Wort zu uns.
Du sprichst uns an, Du gibst uns Namen,
Du teilst Dich mit und bleibst bei uns.
Im Anfang war das Wort,
so schreibt Johannes, und er staunt:
»Das Wort ward Fleisch und wohnte unter uns.«
Lass dieses Wort bei uns lebendig bleiben,
nicht untergehn in sinnlosem Geplauder,
das vielfach unsre Ohren füllt,
lass es vielmehr zur schöpferischen Sprache werden,
die uns und unsre Welt von Neuem schafft,
an jedem Tag.

Amen

Gott, so viel Stimmen stürmen auf mich ein.
Wie kann ich Deine finden, in dem großen Chor
der Stimmen aus dem Radio und Fernseher,
aus vielen Zeitungen und aus dem Internet?
Da sind viel Stimmen, die verführen,
weil sie so ehrlich klingen, schön und wahr.
Ich versuche täglich mühsam,
mich an Jesus zu erinnern.
Was er sagte, was er tat,
entsprach Deinen Worten.
Er sprach viele Gleichnisse
für Dein schönes Gottesreich.
Alle Übersetzungen lassen sie uns hören
und an Dich und Deine Wahrheit denken.
Er ist es, der mir die Hände reicht
und auf Dich alleine hören lässt.
Deine Stimme, die mich tröstet und bestärkt
und mir Glauben schenkt an Dich,
finde ich bei ihm.

Amen

Streit

Gerechter Gott,
hilf, dass wir Menschen
die Versöhnung suchen.
Sollte es aber doch
zum Streite kommen,
dann hilf Du uns, dass der Wortkampf
ganz bei der Sache bleibt, um die es geht.
Lehr uns, die Menschen,
die auf andre Weise denken,
nicht zu kränken,
sondern sie zu hören
und, wenn es nötig ist,
freundlich zu streiten.
Es kann sehr wichtig sein,
für andere die Stimme zu erheben,
für Flüchtlinge, für Arme,
für Schwache, Kranke, Alte,
die stumm am Rande der Gesellschaft stehen.
Hilf Du, dass wir im Streite ehrlich bleiben,
und auch die Sache anderer erkennen,
die Dir am Herzen liegen,
so wie wir.

Amen

Du stiller Gott,
es tut uns gut, Dir nächtens zu begegnen,
wenn unsre Sinne wach und offen sind.
Doch Dich zu feiern, treffen wir uns in der Früh,
an einem jeden Sonntagmorgen.
Dein größtes, unfasslichstes Wunder nämlich,
geschah einst in Jerusalem am Ostertag.
Da kamen sie zum Grab des Lehrers,
zuerst die Schülerinnen Jesu,
dann seine Schüler, um sich zu verabschieden.
Auf ging die Sonne, doch das Grab war leer.
Du hattest Jesus auferstehen lassen.
Daran erinnern wir uns sonntags früh.
Dein Licht des Lebens hat die Dunkelheit besiegt,
die ärgsten Ängste sind vertrieben.
Jubelnd erheben wir die Stimmen,
wir singen froh und loben Dich.
Lass diese Sonne immer wieder
in unsrer armen Welt aufgehn,
das Licht der Liebe und der Wahrheit und des Lebens.
Schenke uns Tage voller Klarheit, voller Zuversicht,
in denen wir den Weg vor unsern Füßen sehen.
Füll diese Tage an mit österlicher Fröhlichkeit
und mit Gewissheit, dass Dein gutes Ende kommt,
der große Jüngste Tag, an dem Du alles rettest.

Amen

Tagesgebet

Wie kann ich mit Dir leben, Gott,
ohne Dich ständig zu vergessen?
Da ist so viel, das auf mich einstürmt,
mich drängt und an mir zehrt.
Ich weiß, die Lösung ist ganz einfach:
Nur zehn Minuten täglich ein Gespräch mit Dir.
Zu oft entschwindet es,
und anderes drängt sich nach vorne.
Verzeih mir, Gott, dass ich Dich oft vergesse,
gedankenlos, vertrauenslos mich so leicht wegführn lasse.
Hilf mir, mich täglich zu besinnen,
in welchem Augenblick auch immer.
Gott, lass mich mit Dir leben.

Amen

Komm, Gottes Geist,
Du Tröster und Lebendiger!
Wie eine Taube komm,
ein Botenvogel aus dem Himmelreich.
Bring uns die Gute Botschaft,
die uns leben lässt
und uns zusammenführt
zu einer gläubigen Gemeinschaft.
Erfülle unsre Herzen und Gedanken
und richte sie auf Gott, der alle guten Worte spricht,
damit die Wege, die zum Himmel führn, sich öffnen.
Wenn wir Dich flattern hören,
unruhig werden, dann lass uns verstehen:
Der Aufbruch ins Reich Gottes ist schon da.
Du sprichst zu uns: »Freut euch mit mir,
dem weißen Vogel,
der das Gottesreich schon sah.«

Amen

Taufe

Herr Jesus,
als Du in den Jordan stiegst,
erschloss sich Dir der weite Himmel,
und Gottes väterliche Stimme sprach:
»Du bist mein lieber Sohn, an dem ich Wohlgefallen habe.«
Als Du zu Deinem Vater in den Himmel stiegst,
am Tag der Himmelfahrt kurz vor dem Pfingstfest,
da gabst Du Deinen Schülern den Befehl,
andere Menschen zu belehren und zu taufen.
Die Zahl der Kinder Gottes hing nicht mehr an der Geburt,
verband sich vielmehr mit dem Glauben,
an Gott, den Vater, Sohn und Heilgen Geist.
Unzählbar groß wurde die Heilige Familie,
in der wir uns Deine Geschwister nennen dürfen.
Anteil bekommen wir so an der Heilsgeschichte.
Der Glaubensvater Abraham ist nun auch unser guter Vater,
die Zehn Gebote, die das Volk am Sinai empfing,
sie leiten uns auf rechten Wegen durch die Wüste.
Die Worte der Propheten,
die Verheißungen und Warnungen,
sie wollen gut gehört und ernst genommen werden.
Lass uns als Deine Schwestern, Deine Brüder richtig leben.
Lehre uns, Dir zu folgen und einander wertzuschätzen.
Schenk Du dem neuen Anfang, den die Taufe stets bedeutet,
das gute Ziel, zu dem die Glaubenswege führen.

Amen

Verschone uns, Du guter Gott,
vor unserm Feind, dem Irreleiter,
dem Durcheinanderbringer und Verführer.
Zeig uns die Ecken, hinter denen er und seine Knechte lauern,
damit wir unsre Augen schließen,
die Ohren stopfen und die Füße eilen lassen,
um ihm und seinen Tücken zu entgehen.
Wie leicht geschieht es, und wir sind verloren,
stecken in Klemmen, sehen keinen Ausweg.
Dann reiche Du uns Deine Hand
und führe uns zurück auf Deine Straße,
an deren Ende Du uns selbst empfängst.
In Deinem Reich ist alles klar und hell.
Die Bäume tragen Früchte
und die Quellen sprudeln.
Die Menschen finden Recht und Frieden.
Die Unterschiede sind dort nicht mehr wichtig.
Du schenkst Versöhnung, Liebe und Beglückung.
Wenn wir auf Erden in die dunklen Täler kommen,
gehst Du voraus und leitest uns.
Am Ostertag stieg Jesus aus dem Grab,
das nimmt uns Angst und Sorge von den Herzen.
Der Irreführer bleibt zurück.
Du hilfst uns, wenn wir ihm entkommen wollen.

Amen

Tiere 1

Du liebevoller, schöpferischer Gott,
zu Deiner wundervollen Welt gehören auch die Tiere,
nicht nur zur Schöpfung, sondern auch zur Heilsgeschichte.
Sogar im Himmelreich wird es von ihnen wimmeln.
In der vergänglichen und unvollkommnen Welt,
da müssen Tiere manchmal für uns Menschen leiden.
Ein Widder starb für Isaak einst auf dem Berge Moria.
Er gab sein Leben für den Sohn von Sara und von Abraham.
Jahr für Jahr wurden früher einem Ziegenbock
die Sünden Deines ganzes Volkes auferlegt.
Er trug sie in die Wüste, wo Gott seiner harrte.
Ein Esel sprach mit Bileam, als der ihn schlug.
Der Esel hatte einen Engel auf dem Weg gesehen,
der mächtige Prophet hingegen nur sich selber.
Und immer wieder durch die Zeiten werden Menschen
mit Schafen oder Lämmern gleichgesetzt,
die einen Hirten brauchen, der sie schützt und auf sie achtet,
auf jedes einzelne sogar, nicht nur auf seine ganze Herde.
Wir danken Dir, Gott, für die Mitgeschöpfe
und bitten Dich: Verleih uns Achtsamkeit und Sorgsamkeit für sie.
Lass sie nicht nur Gebrauchsgut für uns sein,
dem wir herzlos und kalt begegnen.
Schenke uns Dankbarkeit für alles,
was sie für uns tun oder leiden,
wenn sie uns nähren und uns helfen, uns zu kleiden.
Und lass sie dann in Deinem Himmelreiche
mit uns teilhaben an der Fülle Deiner Gaben.
Ganz fröhlich, frei und ohne Angst solln sie dort leben dürfen.

Amen

Ich danke dir, Gott, für die wunderbare Schöpfung
mit ihrer Vielfalt, ihrer Pracht,
mit ihren Farben, ihren Klängen,
dem Gesang der Vögel
und dem Rauschen der Blätter.
Gott, Deine Welt ist schön.
Hilf Deinen Menschen, sie zu lieben und zu achten,
Dein Segenswunsch, noch aus der Schöpfungszeit,
gerät in grausame Vergessenheit.
Hilf aber auch, die Schöpfung nicht in Träume zu verwandeln,
sondern sie so zu sehen, wie sie ist und wieder werden soll:
ein Garten, und ein Feld, mit einer Ordnung, einer Zeit,
dazu ein Meer mit Kraft und Stärke
darüber die Halbkugel mit den Winden,
den Wolken und dem Mond- und Sonnenlicht.
Belebt, bewohnt, von Menschen und von Tieren,
auf Dich bezogen ist die Welt und soll sie sein.
Hilf uns, dass wir sie nicht missbrauchen.
Das kann so leicht geschehen, auf verschiedne Weise.
Es kann die Neigung sein, sie zu verbrauchen,
zum eignen Zweck und ohne Weisheit und Verstand.
Es kann die Neigung sein, sie zu verklaren,
sie zu verniedlichen und zu verharmlosen.
Die Welt gehört nicht uns,
Du hast sie uns nur anvertraut.
Lass uns das nicht vergessen
und mit den Tieren und den Pflanzen
in Frieden und in Rücksichtnahme leben.

Amen

Tod 1

Du hast die Welt geschaffen, Gott,
und mit ihr auch den Tod.
In manchen Kirchen sieht man ihn:
Er tanzt, ganz gleich mit wem,
mit Kaiser und König, Bischof und Prälat,
mit Alten und Jungen, Hässlichen und Schönen.
Der Totentanz zeigt uns:
Im Tod steckt auch noch Leben. Im Tod steckt tiefe Freude.
Wer Deine Welt loslassen kann,
spürt davon mehr als alle,
die ihr Glück nur auf dieser Erde suchen.
So wird der Tod den einen zum »Freund Hein«,
der uns am Ende in die Himmelslande führt,
den anderen wird er zum Feind,
der grausam der Lebendigkeit entgegensteht.
Hilf Du uns, Gott, den Tod anzunehmen,
Dein rätselhaftes Schöpfungswesen,
das manchmal kommt wie ein Befreier
von der Vergänglichkeit und ihren Sorgen.
Es kommt oft unerwartet, quer zu unsrer Zeit.
Das Ende der Vergänglichkeit ist auch sein Ende.
In Deiner Ewigkeit ist nur Erinnerung an ihn,
den Tod, das große Ende.
Für seine letzte Aufgabe werden wir dankbar sein.
Er wird Dir helfen, alles Schlechte zu vernichten
das keinen Platz hat in der Ewigkeit,
zu der Du sprechen wirst wie Du am Anfang sprachst:
»Ja, es ist gut!«

Amen

Du bist lebendig, unser Gott,
vom Anfang aller Zeiten bis zum Ende dieser Welt.
Zu Deiner Schöpfung gehört jedoch nicht nur Leben,
in Deiner Schöpfung wohnt auch stets der Tod.
Er ist ein Teil des großen Kreislaufs,
ein Teil des Werdens und Vergehens,
der Jahreszeiten und der Lebenszeiten.
Er ist ein Teil des Atems dieser Welt.
Lehre uns, diesen Tod zu achten,
und mit Würde alt zu werden.
Schenk uns Erinnerung an den erfahrnen Segen
und lass uns dankbar Abschied nehmen.
Den andern Tod jedoch, der Deiner Schöpfung fremd ist,
den hilf uns zu erkennen und ihm Widerstand zu leisten.
Wo Menschen nur auf Kosten andrer leben,
wo sie ihr Glück erkaufen mit dem Unglück ihrer Nächsten,
wo sie die Güter Deiner Welt verprassen und verbrauchen,
ohne zu säen und die Erde liebevoll zu pflegen,
da gib uns Kraft und Mut zu kämpfen.
Vergänglichkeit hat ihren Platz auf dieser Erde
und wenn es gut geht, gibt es einen schönen Tod.
Doch die Zerstörung tut der Welt nicht gut.
Gebiete Du ihr Einhalt, wo wirs nicht vermögen
und lass das Leben siegen, nicht den Tod.
Wir hoffen und wir beten, Gott,
dass Du am Ende dieser Zeit alles gut richtest
und eine neue Welt des Friedens stiftest,
in der Du Anteil schenkst an Deinem Leben.

Amen

Trauer

Lieber Herr Jesus,
Du stehst neben uns, Du stehst uns bei,
gerade in den schweren Zeiten.
Die Traurigkeiten, die uns überfallen,
hast Du mit jeder Faser selbst empfunden.
Manchmal war es das Mitleid, wie beim Tod des Lazarus.
Da teiltest Du die Trauer seiner Schwestern
und weintest laut an seinem Grab.
Manchmal war es der Kummer über Torheit und Verblendung.
Die Unbelehrbarkeit der Stadt Jerusalem schnitt Dir ins Herz.
Schließlich war da auch noch Dein eignes Schicksal.
Gethsemane, der stille Garten,
er sah Dich klagen und um Schonung bitten.
Wenn wir nun traurig sind, bleiben wir nicht alleine.
Wie es uns geht, wie es in unserm Innern aussieht,
Herr, Du weißt es.
Es tut so gut, Dich neben uns zu spüren.
Dazu kommt nach und nach die sichere Gewissheit:
Mit Dir wird unsere Geschichte schließlich gut ausgehen.
Du schaffst uns eine Zukunftsbrücke,
Du heilst die Wunden und besiegst sogar den Tod.
Von Freude sind wir weit entfernt,
das letzte Wort wird unsre Trauer aber nicht behalten.
Es wird ein Wort des Trostes sein.
Du wirst es sprechen, und wir vertrauen Dir.

Amen

Manchmal, Gott, schenkst Du mir Träume.
Hilf mir bitte, sie auch zu verstehn.
Bei mir sinds nie Prophetenträume,
Dich weitersagend an die Welt,
eher Teile meiner Geschichte.
Du machst mich zum Kind oder zum Opa.
Jung und Alt sind schon in mir versammelt,
ebenso wie Frau und Mann.
Manche Tiere sind mir schon begegnet.
Welchen Anteil in mir wollen sie vertreten?
Manchmal denke ich voll Freude:
Alle Buntheit ist ein Teil von Dir.
Du bist so vielfältig,
großartig und unbegreiflich.
Meine Träume öffnen mich
für Dich.

Amen

Treue

Gott, die Treue will ich von Dir lernen,
die Du immer wieder deinem Volk erweist.
Du, der allezeit Betrogene, Verlassene und Einsame,
sprichst an jedem Tag von Neuem: »Ich-Bin-Da!«
Die Verheißung dieses Namens,
den Du uns im Dornbusch zeigtest,
bleibt bis heute und in Ewigkeit.
Ist so viel Geduld gegen uns Menschen möglich?
Du lädst uns ein, Beispiele zu leben.
Dort, wo Mann und Frau beisammen bleiben,
wie sie es vor Dir versprachen,
zeigen Sie auch Deine Treue,
die für schöne und für schwere Tage gilt.
Dort, wo Eltern, Lehrende, Erziehende
für die anvertrauten Kinder sorgen
und sich kümmern, dass sie weiter wachsen
und es ihnen gut ergeht,
werden sie wie Hirten, die in Jesu Worten
ihre Schafe hegen und das Einzelne, Verlorne suchen.
Lass uns diese Treue immer wieder üben,
und bleib bei uns, Tag und Nacht.

Amen

Barmherziger und fürsorglicher Gott,
lass uns nicht an dem Unverträglichen ersticken,
an harten, bitteren und sauren Bissen,
die uns gelegentlich die Lebens-Teller füllen.
Verwandle sie und mache sie verdaulich,
dass wir sie beißen können,
dass sie süßer werden
und uns wohlbekommen.
Wo Du sie uns gar nicht ersparen kannst,
verwandle uns, dass wir geduldig werden
und zuversichtlich in die Zukunft schauen, die Du schenkst.
Erinnre uns an alle freundlichen Geschichten
von Frauen und von Männern, denen Du geholfen hast:
nicht nur aus Löwengruben oder Feueröfen,
auch aus viel Traurigkeit, aus Krankheit oder Not.
Auch auf die Worte der Propheten lass uns hören,
die einen guten Weg nach vorne weisen.
Es gibt nicht nur die Gegenwart,
die manchmal unverdaulich scheint,
es gibt ein Ziel für diese Welt,
und dieses Ziel ist gut, ist rein, ist voll Genuss und Freude.
Wir werden Deine Freundlichkeit schmecken und sehn.

Amen

Überraschung 1

Wenn die Überraschung kommt, o Gott,
aus dem Munde von Propheten oder Engeln,
dann sprichst Du zu uns als erstes laut:
»Fürchte dich nicht – Friede sei mir dir!«
Ja, die Welt ist voller Furcht und heftiger Gewalt.
Deine Worte sind die großen Überraschungen.
Wer sie hört, erkennt die Wahrheit,
die das bisherige Leben tief erschüttert
und zugleich erfreut und neu erschafft.
Wenn Du überraschend sprichst, o Gott,
zeigst Du uns den Weg, den wir von nun an gehen.
Es ist nicht immer ein Freudenweg.
Menschen lassen sich durch alle Zeit verführen,
sich von Dir und Deinen Worten abzuwenden.
Dein Weg, Gott, er ist ein Weg mit Dir.
Schön oder schmerzhaft, er führt uns zum Ziel.

Amen

Von einem Augenblick zum nächsten
verändert sich die Welt.
Wie halte ich das aus, Gott?
Komm, Tröster, komm und hilf mir!
Sprich Worte, dass ich Mut bekomme!
Schenke beruhigende Geschichten,
damit die Welt sich wieder ordnet,
in Deine Welt,
die Dir gefällt,
als Welt, in der Vertrauen herrscht
und nicht nur Angst und Schrecken.
Sollte die Überraschung mich belehren,
dass diese Welt nicht mir gehört?
Dieses Gebet ruft laut zu Dir:
Gott, der Du alles schufst und trägst,
lass mich, Dein kleines Kindlein, nicht allein!

Amen

Versuchung

Gott, was ist schön in dieser Welt?
Von allen Seiten kommen Angebote.
Das Neue, Unverbrauchte, Jugendliche, Starke,
das Saubere und Glatte und noch vieles mehr,
das stellt man uns vor Augen Tag für Tag.
Doch tief im Herzen wissen wir, o Gott,
es gibt auch andre Dinge.
Du selber gabst uns einen Auftrag.
Du gabst uns bei der Taufe Deinen Geist
und damit auch ein neues Leben.
Um Liebe geht es eigentlich,
zu Dir und unserm Nächsten
und darum, Kind zu sein, Kind Gottes,
von Dir geliebt, von Dir geführt,
von Dir versorgt, mit allem, was wir brauchen.
Lass uns nicht irrewerden, Gott,
zeig uns den einfachen, den guten Weg,
auf dem wir nicht beständig den Verlockungen erliegen,
sondern stets Dir und Deinen Worten folgen.
Führ uns nicht in Versuchung, Gott,
erlöse uns von allem Bösen.
Das bitten wir Dich jeden Tag im Vaterunser.

Amen

Jesus, Du mahnst uns, wach zu bleiben.
Wir hören das und fragen Dich,
was Du uns damit sagst?
Du kannst nicht unsre Körper meinen,
die ohne Schlaf nicht leben können.
Gibt es die Wachheit für die andre Welt,
die Aufmerksamkeit für den Neuen Geist?
Dann lehre sie uns bitte, Jesus,
damit wir nicht als Schlafende
durch unser Leben wandeln.
Hilf uns zu sehen, was im Jenseits wartet
und jetzt schon diese Welt bestimmt.

Amen

Wahl

Gott, wenn ich Dein Wort recht verstehe,
dann sind die Möglichkeiten dieser Welt
voll von Versuchungen, die in die Irre führen.
Die Wahlen, jeden Tag und jede Stunde,
scheinen so einfach, ohne es zu sein.
Gott, leite unsre Füße auf den rechten Weg,
mache uns blind für alles, was uns lockt,
Dir zu entfliehen
und anderswo das Glück zu finden.
Es wird am schwersten,
wenn sich alle Seiten
auf »Gerechtigkeit« berufen,
auf »Frieden«, »Gleichheit« oder »Ehrlichkeit«.
Lass uns in diesem Fall an Jesus denken,
der zum Versucher deutlich sagte:
»Du sollst anbeten den Herrn, deinen Gott,
und ihm alleine dienen.«
Er lehrt uns beten, wenn wir wählen müssen,
damit wir auf Dich hören und verstehen,
was diese großen Worte wirklich sagen.
Jedesmal, wenn die Liebe fehlt
und sich der eigne Vorteil ganz nach vorne drängt,
dann lass uns innehalten, umkehrn
und in Jesu Spuren wandeln.

Amen

Lieber Gott, ich werde älter,
doch ich bleib Dein Kind.
Schenk mir Wärme in den Zeiten,
die so kühl geworden sind.
Nicht nur für mich und mein Herz bitt ich,
auch für alle Menschen,
die mit mir verbunden sind.
Lass mich nie gleichgültig werden,
schenke Du mir Anteilnahme,
Liebe zu den Andern,
wie Du unserer alten Welt
jährlich einen Frühling schenkst.

Amen

Wasser 1

In alten Zeiten, großer Gott,
fürchtete man sich vor dem Wasser.
Es schien, als habest Du es kraftvoll eingedämmt,
unter der Erde und hinter der Himmelskuppel.
Nur Noah ist ihm seinerzeit entkommen,
mit Frau und Kindern und unzählgen Tieren.
Da hast Du unsre Erde reingewaschen,
um ganz neu mit den Menschen anzufangen.
Mit Deinem freundlichen Versprechen,
die Erde künftig zu bewahren,
wich langsam auch die Furcht vor zu viel Wasser.
Heut freuen wir uns seiner Kräfte.
Das Wasser dient nicht nur der Reinheit.
Durchs Wasser hast Du auch Dein Volk gerettet.
Verfolgt von den Ägyptern, floh es aus der Sklaverei.
Sicher durchquerte es das Schilfmeer.
Später im trocknen Wüstenland
halfst Du dem Mose, Lebenswasser aufzuspüren.
Er schlug gegen den Felsen, und es floss.
Rettung und Überleben, Reinigung:
Das Wasser ist ein herrliches Geschenk von Dir.
Ihm voller Ehrfurcht zu begegnen, das ist angemessen.
Zum Sakrament der Taufe gehört Wasser.
Damit wir neu als Deine Kinder leben,
wird jeder damit übergossen und gesegnet.
Schenk Du uns Tag für Tag auf unserm Lebensweg
die Reinigung, die Rettung und den neuen Anfang.

Amen

Herr Jesus, einst trafst Du am Jakobsbrunnen
eine gesprächsbereite Frau aus Sychar.
Sie gab Dir Wasser aus dem Brunnen,
Du warst sehr durstig von der Reise.
Dann schenktest Du ihr Wasser,
das ihre Seele neu belebte,
Wasser des Lebens, das zur innerlichen Quelle wird
und unaufhörlich fließt bis ins Reich Gottes.
Herr Jesus, schenke uns auch solches Wasser,
das uns erneuert und erfrischt an Leib und Seele.
Zeig uns die Quellen der notwendigen Veränderung,
die unsre innerlichen Wüsten neu beleben.
Hilf uns, fruchtbar zu werden und beweglich in der Seele.
Lass uns schon heute schmecken,
was uns nach dem Jüngsten Tag erwartet,
Wasser, das klar wie ein Kristall vom Throne Gottes fließt,
gesäumt vom immergrünen Baum des Lebens,
der alle Traurigkeit und Sorge heilt.

Amen

Weg

Herr Jesus,
wenn Du Schüler und Schülerinnen rund um Dich versammelst,
dann sagst Du ihnen »Folgt mir nach«,
denn Deine Schule hat kein festes Klassenzimmer.
Wer von Dir lernt, ist ständig unterwegs,
nicht nur buchstäblich auf den Straßen,
sondern vor allem innerlich, denn Du befreist.
Du löst uns aus den alten Selbstverständlichkeiten
und lehrst uns, diese Welt neu zu entdecken,
als Kinder Gottes, die nicht ganz alleine für sich selber sorgen.
Gottes Familie hat eine gemeinsame Geschichte
und wandert durch die Zeit zu einem großen Ziel.
Die Spuren dieses Abenteuers lehre uns entdecken
und zeig uns immer wieder unsre Aufgaben darin.
Nimm uns, wenn nötig, bei der Hand
und finde uns sogar, wenn wir uns weit verirren,
damit wir das verheißne Ziel mit Dir erreichen,
das wunderbare Land, das überfließt von Milch und Honig.
Der Weg ist weit und schwer,
doch mit Dir wird er schön.

Amen

Du königlicher Gott, in der Geschichte,
die uns von Dir und Deinem Volk erzählt,
geraten wir gelegentlich nach Bethlehem,
dem unscheinbaren Dorf, das immer wieder Wunder bietet.
Da findet Ruth, die junge Witwe, eine neue Heimat.
Da wächst später der Hirtenjunge David auf.
Und eines Nachts geschieht das größte Wunder,
Du selbst erscheinst in menschlicher Gestalt,
als kleines Kind in einer Krippe,
geboren von Maria und beschützt von Josef, ihrem Mann.
Gott, diese Nacht werden wir nie vergessen.
Wir feiern sie in jedem Jahr mit Liedern, mit Geschenken,
in geschmückten Häusern,
auch in den Kirchen und sehr gern mit Kindern.
Die meisten kennen die Erzählungen aus Bethlehem schon bald
und spielen Hirten, Engel, Wirte, alle wichtigen Figuren
in Krippenspielen an verschiednen Orten.
Weihnachten, das gehört zu uns!
Und wir erleben immer wieder,
wie sehr wir Teil Deiner Geschichte sind.
Gott, lass uns das niemals verlieren!
Nimm uns, so bitten wir Dich, nach und nach
auch noch in andere Erzählungen hinein.
Dass wir erleben, wohin wir gehören
und auch, wo unsere Aufgaben liegen,
die Du uns zugedacht hast auf dem Lebensweg.
Hilf uns, das immer neu zu spüren
wie einst an Weihnachten zur Kinderzeit.

Amen

Weisheit 1

Allmächtiger und klarsichtiger Gott,
wir bitten Dich wie einst der König Salomo
um Weisheit für uns schwache Lebewesen.
Sie ist die Kraft, die uns die eignen Grenzen zeigt.
Sie lehrt uns auch, die rechte Zeit zu finden
und uns auf angemessne Weise
in Deine Schöpfungswelt zu fügen.
Biblische Weisheit ist voll Staunen,
sie freut sich inniglich an der Vielfalt des Lebens.
Betrachtend, Namen gebend schreitet sie durch diese Welt.
Sie zählt die Wunderwerke Deiner Hände auf,
versucht sie zu beschreiben, um Dich aufrichtig zu loben,
für die Gestirne ebenso wie für die Pflanzen und die Tiere.
Zugleich lehrt uns die Weisheit, Maß zu halten.
Besser als rauschhaft überschießender Erfolg
ist dauerhaft bescheidene Zufriedenheit.
Friede mit andern Menschen und uns selber
gehört zur Weisheit, die wir gern von Dir empfangen.
So mach uns bitte, Gott, zu weisen Menschen,
wenn Du uns zutraust, dass wir das vermögen.
Gib uns Geduld und Lernbereitschaft,
offene Ohren, freie Herzen, kluge Fragen
und Freude, Neues zu entdecken
an jedem Tag, auch bis ins hohe Alter.

Amen

Gott, Deine Weisheit heißt,
die Grenzen, die Du setzt,
sehen und anerkennen,
genauso wie Veränderungen, die geschehen.
Wer weise wird, hat Teil an Deinem Tun.
Er lässt Dich Gott sein – und bleibt Mensch,
auch wenn nicht alles wie nach Wunsch geschieht.
Die größte Macht ist Deine, Gott,
die Schöpfungsmacht, die sagt: So ist es gut,
die Rettungsmacht, die sagt: So wird es gut.
Du bist allmächtig.
Die Macht ist allezeit bei Dir,
wie eine Acht, die liegend alle Zeit umgreift.
Gott, gib uns Teil an dieser Weisheit.

Amen

Widerstand

Gott, weiser Richter unsrer Taten,
Du selbst machst manche Wege krumm,
damit auf ihnen nicht zu viele Wagen rollen
oder damit die Menschen achtsam auf den Füßen gehn.
Der enge, steile Weg ist manches Mal der allerbeste,
weil man ihn sehr bewusst und mit dem ganzen Körper geht
und weil Du uns nicht jedes Ziel
ganz leicht und nebenbei gewährst.
Zeig uns, wo Widerstand gesund ist,
wo wir ihn vielleicht sogar leisten müssen,
weil Ziele oder Wege übereilt oder verfehlt sind
und in die Irre oder gar ins Leiden führen.
Elia, Dein treuer Prophet, der fühlte sich alleingelassen,
als Einziger im Lande, der Dir treu ergeben war,
es schienen alle andern von Dir abgefallen.
Du hast ihm seinen Auftrag nicht erlassen,
ihm aber eine tröstliche Begegnung mit Dir selbst geschenkt
und einen Schüler für ihn auserwählt,
als Unterstützung, später sogar als Vertretung.
Wenn unsre Kräfte nachlassen, o Gott,
weil Widerstand gegen die Mächtigen so schwer ist,
dann steh uns bei, falls Du uns weiterhin benötigst,
und gib uns alle Kräfte, die wir brauchen.

Amen

Du lieber Gott und Geber aller guten Gaben,
wie schön ist es, anderen etwas zum Geschenk zu machen.
Danke, dass Du uns das immer von Neuem möglich machst.
Wir lieben es, das Haus schön herzurichten,
mit Blumen und mit reich gedecktem Tisch,
um liebe Gäste zu empfangen.
Wir gehen gerne auf den Markt,
um gute Lebensmittel einzukaufen,
die sich zu Hause zu schmackhaften Speisen kochen lassen.
Wir reinigen und pflegen uns mit Wohlgerüchen
und kleiden uns auf angenehme Weise,
um einen freundlichen Anblick zu bieten.
Das alles schenkst Du uns, Gott, dafür danken wir.
Du willst, dass es uns gut geht auf der schönen Erde.
Wo unser Wohlstand andern helfen kann,
erinnere uns, dass wir ihn von Dir empfangen.
Lass ihn uns ohne Reue und viel Fragen weitergeben,
wenn wir auf Menschen treffen, die gerade Hilfe brauchen.
Ist Geld übrig, so hilf uns, es auf gute Art zu spenden.
Halt unsern Blick stets offen,
denn die geistliche Erfahrung lehrt:
Zufriedenheit wächst und erweitert sich, wenn wir sie teilen.
Dazu befreie uns, Du guter, segensreicher Gott.

Amen

Wort

Dein Wort, Gott,
ist ein Wort der Schöpfung und Erlösung.
Du sprichst, und alles auf der Welt entsteht.
Das Neugeschaffene, Vergängliche,
die Hilfe und die Rettung.
Du lässt uns nicht alleine, Gott.
Du sprichst zu uns und aller Welt.
Lehre uns, Dich zu hören.
Die Ohren und die Herzen
halten wir meist verschlossen
und suchen unsre eignen Wege.
Hilf uns aus dieser Schuld und Einsamkeit
und lass uns Deine Worte hören
und sie weitersagen.
Wir danken Dir
für Deine Worte
jenseits aller Sprachen.

Amen

Du großer Gott,
als Du die Welt erschufst, entstand aus Deiner Hand die Zeit.
Du schufst die Sonne und den Mond,
die Tage, Wochen und die Jahreszeiten,
und Du erfülltest sie mit Leben, tust das weiterhin bis heute.
Wir Menschen fanden Mittel, um die Zeit zu messen,
und wundern uns, wie sie sich wehrt,
in Stunden eingeteilt zu werden.
Manchmal verfliegt die Zeit wie ein Schwarm wilder Vögel.
Wir können sie gar nicht erfassen und erst recht nicht nutzen.
Dann wieder wälzt sie träge sich dahin
wie eine trübe Brühe auf dem regennassen Felde.
Lass uns erkennen, welche Zeit Du uns zudenkst
und zugemessen hast.
Wenn es gelingt, dann atmet unser Leben.
Wir arbeiten zur rechten Zeit,
zur andern feiern wir,
zur dritten gibt es Schlaf und Ruhe,
wenn diese an die Reihe kommen.
So viele Dinge warten in der Zeit auf uns,
die erst ergriffen werden wollen und dann losgelassen.
Die von uns selbst gefüllte Zeit misslingt uns leider häufig.
Wir packen allzu viele Dinge in die Stunden und Minuten.
Lehre uns gut zu leben, mitten in der Zeit,
das bitten wir Dich, guter Gott.

Amen

Zeit 2

Gott, Du Allmächtiger,
Du lebst zugleich in allen Zeiten.
Vergangenheit und Zukunft
sind für Dich Gegenwart.
Das macht Dich für uns unbegreiflich.
Wir leben scheinbar in der Zeit,
die unsre Gegenwart sekundenweise
in Vergangenheit verwandelt,
während die Zukunft
ganz und gar im Nebel liegt.
Du zeigst uns, dass es anders ist.
Du wandelst die Vergangenheit,
durch Deine liebende Vergebung.
Du schenkst uns Blicke in dein Reich
durch die Erinnerung an Deine Worte.
Du machst die Gegenwart
zum Wertvollen und Wunderbaren.
Du lässt uns jedes Jahr mit Jesus leben,
seine Geburt mit Hirten und mit Weisen feiern,
sein Leiden, seinen Tod und seine Auferstehung
in drei Tagen mitvollziehen
und viele seiner Worte hören
als wärn sie neu und grade jetzt
an uns gerichtet.
Du Herr der Zeit,
bleibe bei uns,
führ uns zu Dir.

Amen

Gnädiger und gerechter Gott,
das Land, wo Milch und Honig fließen,
wurde für vierzig lange Jahre das ersehnte Ziel,
in das Du Dein befreites Volk einst aus Ägypten führtest.
In dieses Land sind wir bis heute unterwegs
als Deine Kinder, denen Du den Weg weist.
Denn dieses große Ziel, die gute, ja vollkommne Erde,
die uns den Reichtum Deiner Gaben vor die Füße legt,
dies Ziel wartet auf uns am Ende aller Tage.
Der Weg aus dem Ägyptenland war nur ein Anfang,
da wurde aus den Sklaven Dein befreites Volk.
Nun leben wir als Deine Kinder auf der ganzen Welt
und haben weiterhin unendlich viel zu lernen.
Die Sonne und ihre Planeten drehn sich weiter,
und jedes Jahr durchläuft die Jahreszeiten,
doch sind wir nicht in Kreisläufen gefangen.
Du hast der Welt den Anfang und ein Ziel gesetzt.
Dazwischen liegt eine Geschichte.
In dieser hat jeder von uns den rechten Platz,
einen wertvollen Auftrag und ein Ziel.
Deine Geschichte wird zu Ende gehen,
es wird ein gutes und gerechtes Ende sein
und zugleich eine neue Schöpfung,
in der die Unvollkommenheiten dieser Welt geheilt sind.
Gnädiger und gerechter Gott,
wir freuen uns auf Deine neue Welt.

Amen

Zumutungen

Gott, was die Anderen von mir erwarten und verlangen,
schlägt über mir zusammen, drückt mich unter Wasser,
wie eine Woge, die mir meine Beine wegzieht,
mir den Atem nimmt, um den ich rudere und kämpfe.
Gott, steh mir bei, und rette mich ans Land,
wo ich wieder klar sehen kann und alles ordnen.
Hilf mir zu einem Ort, an dem die Arbeit ungefährlich ist,
an dem sie gut tut, mir und den Anderen, die mit mir leben.
Bewahre mich vorm Untergang,
gib mir von Neuem einen festen Stand.
Du weißt, ich tue meine Arbeit gerne.
So soll es bleiben, Gott,
so lang ich es vermag.

Amen

Gott, lass uns jeden Tag erkennen,
dass unser Zweifel eine Form des Glaubens ist.
Wir bleiben bei Dir, wenn wir Fragen stellen,
auch wenn wir keine Antwort finden.
Warum? So fragt ein Kind, um seine Welt zu ordnen.
Es ist mit Antworten zufrieden.
Wir aber fragen so, um Zweifel zu verstärken.
Die Frucht vom Baume der Erkenntnis
ist noch in uns und nimmt uns das Vertrauen
zu Dir, dem liebevollen Schöpfer.
Wir können nicht mehr nackt in deinem Garten leben.
Wir kleiden uns mit irgendwas.
Wir leben vorläufig und geben es nicht zu.
Doch leben wir auf Dich bezogen.
Und das ist besser als die Stumpfheit,
die uns versinken lässt im Nichts.
Sogar wer mit Dir hadert,
wer Dich leugnet und beschimpft,
bleibt bei Dir, wie ein ungezognes Kind.
Wer das erkennt,
wie der verlorne Sohn im Dreck des Schweinehirten,
der findet seinen Glauben wieder
und kehrt zu Dir zurück,
dem Vater, dem Geduldigen, dem Treuen.

Amen

www.claudius.de

Gestaltung, Satz, Layout: Friedrich Forssman
Gesetzt aus der DTL Documenta
Druck: Finidr, s. r. o., Český Těšín

ISBN 978-3-532-62818-8